EMpieza

VIVIR AHORA

"Tu vida está llena de oportunidades"

Luis García Ruiz

Título: EMPIEZA VIVIR AHORA

Subtítulo: Tu vida está llena de oportunidades

Autor: Luis García Ruiz

Segunda edición: Julio de 2019

© Luis García Ruiz - ahora@lgaruiz.com

Foto del autor: Manu Ortega

Diseño de portada y maquetación: Raúl García Pérez de Grupo Onred.

I.S.B.N.: 978-84-09-11468-9

Depósito Legal: AB-294-2019

La Saga de EMPIEZA LIDERAR VIDAS

www.lgaruiz.com

Testimonios

Cuando alguien llega a un libro como este, no es casualidad, sino CAUSAlidad, y significa que tiene algo importante que estas páginas van a contarle.

LAIN
Autor del Bestseller "La Voz de Tu Alma"

Me apasiona aprender de personas que hablan desde su experiencia de vida, llena de aprendizajes. En este caso Luis, nos da lecciones de vida, partiendo de las adversidades vividas por él.

Jesús Honrubia
Autor del "Poder de la Incomodidad"

Muy clarificador. Este libro te hace plantearte ciertas cuestiones sobre tu vida y tus relaciones más cercanas, recordándote la importancia de quererte a ti mismo tanto como tienes que querer a los demás. De lectura rápida, pero intensa.

Rafa Merino
Mente inquieta, inconformista y curioso profesional

Luis, que tu ejemplo sea válido para tantos como somos los que te seguimos.

Llanos Jiménez

Empieza vivir ahora, te permitirá ser la mejor versión de ti mismo. Date el permiso para dar lo mejor de ti y tener una vida prospera y abundante. Gracias Luis por tu generosidad.

Andrea Castillejo
Autora de la Trilogía: "Reconéctate Con Tu Verdad"

Con solo escuchar dos simples palabras te puedes imaginar un futuro incierto e injusto. Pero, Luis decidió convertir su peor pesadilla, en lo mejor que le ha pasado en la vida. Es un ejemplo de lucha, actitud y fortaleza.

Laura Lostao Fuertes
Autora de la trilogía: "Puedes cambiar tu mundo"

Luis te demuestra que sólo estás a un pensamiento de cambiar tu vida, puesto que ya traemos de serie todo lo que necesitamos para triunfar. El libro te ayudará a encontrar lo mejor de ti, confiando en la vida, atreviéndote a hacer y a dar lo mejor, en cada cosa que te propongas. No te lo puedes perder.

Cristóbal Pérez Bernal
Autor del libro "La Carta del Éxito"

Gracias por ser un ejemplo de constancia y superación.

Álvaro Manzanares

Es una de las personas MÁS impresionantes que he conocido y conoceré jamás.

Raúl García

No defrauda a quien tiene a su alrededor. Trabajo y esfuerzo garantizado.

Felipe Medina

Todo lo que toca y piensa se transforma en un universo de vida y dignidad con mucho valor humano.

Ángel Alfaro López

No hay palabras para describir lo buena persona que eres, Luis.

Antonio Redondo Marqueño

Motivador nato, transmite pasión por lo que hace, consiguiendo cada meta que se propone.

Gloria Romero

Luis es un líder y siempre busca motivar a su entorno. Saca lo mejor de cada persona.

Miguel Gómez Aleixandre

¡Bienvenido/a!

"Seas quién seas, sólo estás a un pensamiento de cambiar tu vida".

"Lo más importante que tienes en la vida, un día desaparecerá."

Agradece y valora vivir.

¡EMpieza VIVIR AHORA!

Prólogo

Cuando entendemos que la vida no es algo que nos pasa, sino algo que pasa para nosotros, entonces nuestra perspectiva cambia por completo.

De pronto empezamos a vislumbrar la verdad...

Nunca sabes cuándo un retraso, una pérdida, una separación, un desempleo, puede ayudarte a llevar tu vida al siguiente nivel, o incluso te puede estar protegiendo de algo malo.

Cuando aprendes a confiar en la vida, entonces el mundo está contigo y sale a tu encuentro para cuidar de ti.

He visto a muchas personas enfadadas con la vida, sin darse cuenta que esta es un reflejo y que solo muestra la cara que tú mismo le ofreces. Por este motivo, sin importar las circunstancias, aprender a darle la mejor cara es siempre garantía de grandes bendiciones.

Especialmente en los momentos malos, es cuando el ser humano define su destino.

La clave de la vida no es el pensamiento positivo, porque cuando las cosas van bien todo el mundo reacciona bien. La clave de la vida es el pensamiento negativo, porque cuando no comprendes lo que ocurre tendemos a victimizarnos y buscar culpables. Pero si en esos momentos eres capaz de darle un nuevo significado a las cosas, entonces desvías tu camino hacia un lugar superior.

Creo firmemente que todo el mundo tiene nuevos ascensos, incrementos, promociones, bendiciones, éxitos esperando desde hace muchos años.

Solo debes crear esa imagen antes en nuestro interior y dejar de darle poder a las circunstancias exteriores que, sin duda, serán temporales si dejas de prestarles tanta atención.

Por eso, sé que cuando alguien llega a un libro como este, no es casualidad, sino CAUSAlidad, y significa que tiene algo importante que estas páginas van a contarle.

Gracias Luis por escribirlo y a ti, amado lector, por leerlo.

LAIN, autor de la Saga de LA VOZ DE TU ALMA.

www.lavozdetualma.com

Oriah el soñador de la Montaña.

No me interesa lo que hagas para vivir.

Quiero saber lo que ansías, y si osas soñar con lo que desea tu corazón.

No me importa la edad que tengas.

Quiero saber si te arriesgas buscando como un loco el amor, los sueños, la aventura de estar vivo.

No me interesa saber qué planetas cuadran tu luna.

Quiero saber si has tocado el corazón de tu propio dolor, si te han abierto las traiciones de la vida o si te has contraído y cerrado de miedo a más dolor.

Quiero saber si te puedes sentar con el dolor, el mío o el tuyo sin moverte para esconderlo o apagarlo o conciliarlo.

Quiero saber si puedes estar con alegría, mía o tuya; si puedes bailar con desenfreno y dejar que el éxtasis te llegue a la yema de los dedos sin precaverte a ser cuidadoso, realista o a recordar las limitaciones del ser humano.

No me importa si lo que me cuentas es verdad.

Quiero saber si puedes desilusionar a alguien siendo fiel a ti mismo; si puedes soportar la acusación de traición sin traicionar tu propia alma.

Quiero saber si puedes ser fiel y, por tanto, digno de confianza.

Quiero saber si puedes ver la belleza aunque no sea bonita cada día, y si puedes ver el origen de tu vida a partir de la presencia de Dios.

Quiero saber si puedes vivir con el fracaso, el tuyo y el mío, y ponerte a orillas de un lago y gritarle a la luna plateada: « ¡Sí!»

No me importa dónde vivas o cuánto dinero tengas.

Quiero saber si después de la noche del dolor y la desesperación, abatido y magullado hasta el tuétano, puedes levantarte y ocuparte de las necesidades de los niños.

No me interesa quién eres, ni cómo llegaste aquí.

Quiero saber si te quedarás conmigo en medio del fuego y no escaparás.

No me interesa qué o dónde o con quién has estudiado.

Quiero saber qué te sostiene por dentro cuando se derrumba todo lo demás.

Yo quiero saber si puedes estar solo contigo mismo; y si realmente te gusta la compañía que tienes en los momentos vacíos.

La invitación, inspirado por Oriah el Soñador de la Montaña, anciano nativo americano, mayo de 1994.

ÍNDICE

¡EMpieza VIVIR AHORA!

"Al final, lo que importa no son los años de vida, sino la vida de los años."

Abraham Lincoln.

Si estás leyendo ahora estas primeras páginas de este libro, eres en una persona MÁGICA y ESPECIAL.

Te admiro, porque tu decisión de aprender y mejorar, te convierte en una persona muy distinta a la mayoría de las personas que están ahí fuera en el mundo. ¡Gracias!

¿Sabías que si en las primeras 24 horas no lees el libro que has comprado, tienes un 70% de probabilidades de no leerlo nunca? Y si al cabo de 72 horas todavía no lo has abierto, las probabilidades aumentan a un 99%. Por lo tanto, ¡FELICIDADES!

Te estoy muy agradecido. Este libro no es un libro para leer, es un libro para estudiar. Es un libro para poner en práctica y aplicarlo cada día. Para incorporar a tu vida, una **vida EXTRAordinaria**.

¿Cada día va a ser lo mismo en tu vida? **EM**pieza de una forma diferente, si con la **EM** en mayúsculas, no se trata de un error. Más adelante lo entenderás mejor.

Después de invertir tu tiempo, dinero, ilusión, ¿Qué puedo hacer yo? Quiero ayudarte para que alcances todo aquello que viniste buscando.

No es lo que somos, es lo que aprendimos.

Por ello, voy a darte algunas pautas para que obtengas los máximos resultados:

> 1.- Lee el libro y ten a mano un diario de reflexiones del libro para apuntar.

2.- Apunta y subraya todas las partes que para ti tengan sentido y consideres más importantes.

3.- No te olvides de asistir a la próxima quedada de APRENDEDORES ¡EMpieza VIVIR AHORA!

Aquí vas a aprender la teoría, pero nada sustituye el impacto personal y la TRANSFORMACIÓN que vivirás en la quedada de #APRENDEDORES ¡EMpieza VIVIR AHORA!

Marcará un antes y un después en tu vida, te lo garantizo.

Todo lo que estás buscando está dentro de ti.

Sólo un 10% de las personas tiene el valor y la determinación de coger un libro como éste para mejorar su vida en uno o varios aspectos, el resto de las personas sigue teniendo muchas razones para no hacerlo.

¿Cuántas personas conoces que se llenan de excusas? ¿Podrías nombrar al menos una de esas personas? A las personas nos cuesta cambiar.

En realidad, no se trata de cambiarte a ti mismo, sino de convertirte en ti mismo, convertirte en quien siempre deberías haber sido.

¿Quién eres TÚ? El mundo es una imagen tuya, es un reflejo de lo que piensas de él.

Muchas personas han perdido la pasión por sus proyectos, relaciones y su vida.

Sea como sea, la única manera de que encuentres la felicidad en tu vida es mediante el **CRECIMIENTO = PROGRESO**.

Puede que lleves tiempo queriendo cambiar las cosas, pero HOY es cuando has tomado la decisión, que lo cambiará TODO para siempre.

No sé qué te detiene actualmente para alcanzar todo lo que realmente deseas. Y si ya has logrado cosas increíbles, no sé qué te detiene para poder lograr todavía más, porque recuerda que **¡es tu VIDA!**

Deseo ayudarte a través de las páginas de este libro y transformar tu vida, sin duda será el mejor regalo que pueda hacerte para siempre.

Todos tenemos el poder de cambiar nuestras vidas y hacer que las cosas pasen.

Vive la vida que deseas vivir y conviértete en quien viniste a ser. En quien siempre deberías haber sido. En tu mejor versión. **Tú sí puedes.**

Tú momento es ¡AHORA!

Lo importante es **EM**pezar, pero si no eres constante, nunca lo conseguirás. No es casualidad la "**EM**" en mayúsculas...

Tu vida es importante porque tú eres importante.

"La autodisciplina es la capacidad de hacer lo que debes hacer, cuando debes hacerlo, si te apetece o no". Elbert Hubbard.

Nací, por qué había quedado contigo.

"El propósito de la vida es ser devuelto al amor, momento a momento. Para alcanzar este propósito, el individuo debe reconocer que es absolutamente responsable de haber creado su vida de la manera que es, momento a momento. El problema no son las personas, los lugares ni las situaciones, sino los pensamientos que tenemos acerca de ellos. El individuo debe darse cuenta por fin de que no existe ningún <<ahí fuera>>."
Dr. Ihaleakala Hew Len.

¿Por qué estoy aquí?

Te voy acompañar en todo el proceso para hacer fácil lo difícil. Estás en el lugar correcto. Para escribir a este libro he renunciado a muchas otras cosas, para que tú puedas lograr todo aquello que anhelas.

Aquí vas a leer cosas que ya habrás leído, pero cuando conozcas lo que te voy a contar, te aseguro que tu vida y todas las personas de tu alrededor será **EXTRAordinaria** y conseguirás todo lo que quieras.

¿Recuerdas los días cuando eras niño?

Cuando somos pequeños nos imaginamos nuestro mundo ilimitado. Conforme crecemos lo perdemos. Nos han enseñado que no se puede tener todo en la vida.

El mundo es una imagen tuya, es un reflejo de lo que piensas de él, y la realidad siempre es lo que pensamos de ella.

La mayoría de personas están acomodadas con su vida y no son capaces de hacer lo que tienen que hacer para mejorar su vida.

No hacemos nada hasta que ocurre algo que nos duele intensamente.

En esta vida no tenemos un manual de instrucciones para vivir. Nacemos y aceptamos la idea de que la vida nos pone las cosas muy difíciles. Y ¿Por qué?

Vivimos el resto de nuestras vidas como si fuera una batalla constante, peleando por conseguir lo que queremos y llegando a pensar que las cosas suceden al azar.

Y eso que simplemente hay que aceptar lo que venga, porque nada ocurre por casualidad.

Cada día suceden las cosas porque tienen que suceder, y no tienes este libro por casualidad. Debemos hacer algo juntos en esta vida. Gracias, gracias, gracias de corazón.

No tienes porqué vivir más en la incertidumbre de no saber lo que quieres, no tienes que seguir viviendo una vida de lucha continua para alcanzar tus sueños.

¿Qué quieres? Escríbelo ahora.

_____

_____

_____

_____

_____

Tienes el poder de gestionar de tu vida y tus emociones para lograr todo aquello que te propongas. Esto ya lo sabías, ¿Verdad?

Si quieres cambiar, lo primero que tienes que hacer es cambiar la manera de ver las cosas y romper tus esquemas mentales a pesar del miedo.

No dejes para mañana lo que puedas hacer hoy. Te resultará incómodo tener que escribir y reflexionar cuando te lo pida, porque quiero que salgas de tu zona de confort. Lo fácil sería leerlo y aplazarlo. Ahora tienes que tomar ACCIÓN. ¡Hazlo sin excusas!

La mente nos controla porque nos protege.

Mucha gente espera a tener algo para entonces ser algo. Cuando me toque la lotería, seré feliz, pero te recuerdo que **antes debes ser para después tener.**

En algún momento todas las personas **queremos ser felices.** Y eso que llevamos una mochila de piedras a cuestas, que está llena de emociones negativas. ¿Tiene sentido?

Hemos entrenado a nuestro cuerpo a nivel inconsciente para ser infelices, porque las emociones son el resultado de nuestras experiencias del pasado en la vida.

Podríamos pensar que la solución es pensar de forma positiva. No es suficiente.

Si conscientemente pensamos de forma positiva. Y el inconsciente piensa lo contrario, es decir, a lo que está acostumbrado a pensar.

Vaya incoherencia de pensamientos conscientes e inconscientes.

Desde pequeños, en nuestra mente inconsciente se han ido almacenando todo tipo de CREENCIAS, según nuestras experiencias. Y no todas, son de ayuda para progresar en muchos ámbitos de nuestra vida.

La buena noticia es que siempre podemos reconstruir nuestras creencias y crear la vida con la que soñábamos desde niños, porque **lo que crees, creas.**

En la vida podemos cambiar de ciudad, de trabajo, de pareja, pero todo volverá a ser como antes y la historia se repetirá.

Todos los cambios externos son temporales y **lo realmente duradero tiene que ser un cambio interno.** El verdadero cambio nace en nuestra mente.

Cuando cambiamos la idea que tenemos sobre el **qué y el cómo somos,** con nuestras virtudes y nuestros defectos, con nuestras fortalezas y nuestras debilidades, porque cambiamos cuando aprendemos.

Vivir es aprender

"Solo hay dos errores en el camino: no empezar y no llegar hasta el final"

Albert Einstein

A~~ veces~~ SIEMPRE se aprende.

Es importante aprender a perder. Cada vez que perdemos, ganamos algo. Y cada vez que ganamos, hemos perdido unas cuantas veces antes.

En la antigua Grecia había un verdadero culto a la competencia, particularmente, a la deportiva. En aquellos tiempos, tales eventos tenían un valor muy diferente al que tienen hoy en día. Platón, en La República, insistía en que los jóvenes debían ser educados sobre dos pilares: la gimnasia y la música.

Por gimnasia entendía la educación del cuerpo y por música, la educación del alma. **Para los griegos era impensable que alguien fuera capaz de triunfar en una competencia deportiva, si al mismo tiempo no tenía grandes valores** como ser humano.

Precisamente lo que hacía meritorio a un atleta era ese "ser mejor" respecto al promedio. Lo que se exaltaba era su valor y su esfuerzo. Las competencias se nombraban con la palabra "Agón", que significa contienda, desafío.

De ahí viene la palabra "agonía", que en nuestros tiempos se refiere a un padecimiento que separa la vida de la muerte.

Solo hay ganadores y perdedores cuando hay competencia.

Y **solo hay competencia sana, cuando se dirige hacia esas zonas de uno mismo que es necesario trabajar, pulir, mejorar** como condición para alcanzar el triunfo.

La derrota siempre es relativa. Y es relativa porque siempre depende de los sentimientos, emociones y actitudes que origine en quien experimente la imposibilidad de conseguir un objetivo, en un momento determinado. Solo es derrota, en el sentido estricto del término, si lo que le sigue es el abatimiento total.

Si, en cambio, **la imposibilidad de lograr un objetivo se convierte en fuente de reflexión y de aprendizaje, no podemos hablar de derrota como tal**.

Ese aprendizaje es un replanteamiento de las razones por las que no fue posible alcanzar el triunfo, e incluso una revisión de la meta misma.

A veces la derrota es una señal de que estamos en el camino equivocado, en busca de un propósito que quizás no es lo que más nos conviene.

Si quieres tener una mentalidad de éxito, la palabra derrota en realidad no tendrá existencia para ti. Lo que habrá son situaciones en las que alcanzarás tu propósito. También habrá otras en las que tendrás la posibilidad de aprender algo que no sabías todavía y necesitas para progresar.

Así que si realmente queremos mejorar y cambiar, vamos a tener que dar un paso al frente, tomar decisiones, asumir nuevas responsabilidades, modificar hábitos y comportamientos, con mucho esfuerzo y sacrificio.

Y no será un camino de rosas, pero ¿Quién te ha convencido de que un cambio de vida tiene que ser fácil?

Si quieres que alguien te diga que es fácil, que no vas a tener que sacrificarte, que todo es positivo y maravilloso, que tan sólo sonríe y sé feliz, que no te preocupes por nada,...etc. Lo siento pero vas a tener que buscar a otro que te prometa eso.

Tienes que pagar un precio. No es fácil, pero sí que es posible ese cambio de vida que buscas. Siempre, siempre, siempre se puede cambiar, mejorar y progresar.

Para ello, hay que pagar el precio del esfuerzo y del sacrificio.

"No puedes ganar más tiempo, pero sí puedes aprovechar el que hay disponible".

No lo olvides: <u>**un cambio de vida primero debe ser interno**</u> **y éste es el que te llevará a los cambios y resultados externos.**

El cambio es posible si tu estas dispuesto, porque todo cambia si tú lo permites. Se tú el cambio que quieres ver en el mundo.

En este libro voy a contarte mi historia personal. Una historia que lo cambió todo. Todos tenemos una gran historia que contar. Hay una historia detrás de cada persona. Piensa en eso antes de juzgar a nadie.

Además en las últimas páginas del libro encontrarás la historia de los TRES DESEOS. Puedes saltarte los pasos o leer todo el libro y al final obtener esta historia.

La mayoría de las personas quieren las cosas para ya, sin esfuerzo y de cualquier manera. No quiero decirte qué hacer, pero tú ya sabes qué es lo correcto. Es tu primera decisión.

Albert Einstein ya decía que: **"locura es hacer lo mismo y esperar resultados distintos".**

Recuerda también que "cómo haces una cosa lo haces todo" y **EMpieza** a creer otras cosas.

"Somos lo que creemos que somos"

Mi palabra es ley.

"Cuando alguien desea la salud, es preciso preguntarle primero si está dispuesto a suprimir las causas de su enfermedad, sólo entonces es posible ayudarlo".

Hipócrates. (460 a.C. - 370 a.C.)

Todos tenemos una "**EM**" particular.

Todos tenemos una enfermedad incurable y degenerativa que se llama vida: "Una vida normal"

En la actualidad estamos probablemente ante uno de los mayores cambios de la historia y con seguridad el más rápido.

Hemos pasado de una época de seguridad a una era de incertidumbre, en donde los miedos y las dudas, respecto al futuro, paralizan tanto a personas como empresas, afectando a nuestra vida personal y laboral.

Piensa en algo que te guste mucho, que disfrutes realmente. Tal vez el mar, el sonido de las olas, el viento en los árboles, tu canción favorita o tal vez aquella persona que te hace reír.

Piensa en el sonido de su voz. ¿Puedes disfrutar de los sonidos? ¿Y si no pudieras escucharlo? y ¿Si no pudieras verlo? ...

"Creo que no nos quedamos ciegos, creo que estamos ciegos, ciegos que ven, ciegos que, viendo, no ven". José Saramago

Lo prometido es deuda y mi palabra es ley. Voy a contarte mi historia personal.

EMpiezo.

Pensamos que todo le pasa al resto de la gente, nunca a nosotros. Un día... de la noche a la mañana, en un instante todo cambió para siempre.

Empecé a ver doble.

No sabía a qué atribuirlo ya que nunca antes me había sucedido. Supuse que era algo casual o pasajero hasta que, unos días después, fue empeorando más y más.

Un lunes de Abril mientras jugaba al fútbol sala con unos amigos, mis piernas empezaron a entumecerse.

Sentí un dolor y calambres insoportables hasta el punto que no veía prácticamente nada, tan solo podía escuchar.

Estaba aterrorizado. Mi cuerpo no respondía y desconocía el motivo. Solo tenía clara una cosa. Era algo grave.

Dieciocho horas después, estaba ingresado en el hospital. Un martes 16 de Abril del 2013, perdí la visión. No lograba ni distinguir los colores...

Jamás había pasado por algo parecido. De repente mi vida y mis prioridades cambiaron. Y no entendía nada...

Pasaron varios meses de incertidumbre, tras haber recuperado la visión después de perderla. Tenía cita con la neuróloga. Temía que fuera algo grave.

Allí tuve claro algo. Desde que somos niños, nos etiquetan cada día. "Tú eres listo", "tú eres tonto". "Tú eres guapo", "tú eres feo". "Tú estás delgado", "tú estás gordo"...

Tú eres X, tú tienes X...

Siempre hemos escuchado hablar de negrO o blancO, buenO o malO, buenA o malA, hombre o mujer...

Nos creemos las etiquetas que generalmente nos pone la sociedad. Creemos que la "realidad" es tal y como nosotros la vemos. Nos etiquetan una chapa=$[\text{XAPA}]$, para clasificarnos.

¿Te resulta familiar? ¿Tiene sentido? ¿Te viene alguien a la cabeza?

Somos quien queremos ser. **Nos convertimos en lo que creemos que somos.**

Los minutos previos para entrar a la consulta se hicieron eternos. Cuando pronunciaron mi nombre, mi corazón dejó de latir durante un segundo y mi respiración se cortó. Conseguí hacer que mis piernas respondieran para avanzar despacio hacia la consulta.

Al entrar, me senté frente a la neuróloga. El tiempo se detuvo. En ese instante ella dejó de mirar la pantalla del monitor y me miró fijamente. Me temblaba todo el cuerpo y me quemaban los ojos mientras trataba de aguantar las lágrimas.

Ella respiró, tragó saliva y... con un tono de voz entrecortado me confirmó que tenía la mielina dañada y otros daños cerebrales...

Me etiquetaron con un diagnóstico, una $[\text{XAPA}]$. Reaccione con normalidad, como si no me estuviera hablando a mí. Mi madre era testigo directo de la $[\text{XAPA}]$.

Dos palabras cambiaron mi vida para siempre: **"Esclerosis Múltiple" (EM)** fue la $[\text{XAPA}]$. Lo que me diagnosticaron, una enfermedad degenerativa e "incurable".

La "Esclerosis Múltiple" es tan rara que a veces es difícil que el que no la sufre pueda entenderla. Al comienzo ni yo la podía entender.

Fue muy duro, pero tenía que ser fuerte y mi madre estaba delante. Ella no quería aceptarlo e insistía con varias preguntas, porque pensaba que todo debía ser un error, esa [XAPA] no era para mí... ¿Cómo puede ser?

Cuando la Neuróloga me dijo que tenía "Esclerosis Múltiple", no la conocía y lo primero que pensé fue: "¿Qué es lo que me espera?". Solo podía pensar en cómo mi vida cambiaría para siempre.

La neuróloga me dijo las palabras mágicas: **"Luis, tienes que llevar un vida normal"**. No entendí en aquel entonces a qué se refería, pero esas palabras significaron un antes y un después en mi vida.

Me entregó una hoja con los posibles tratamientos para decidir qué hacer en los próximos meses. La enfermedad es incurable. Cierro los ojos paralizado por el miedo. Las únicas imágenes que pasan por mi cabeza son viéndome en una silla de ruedas...

Mi padre y mi hermano reciben la noticia con incredulidad. Lágrimas y más lágrimas. Mi padre había superado una difícil operación de corazón unos meses antes.

Voy a superarlo. Hoy es incurable. Tengo que vivir en el presente: en el AHORA.

Por mi familia, procuraba que vieran que todo estaba bien. Llegaba a ocultarles mis síntomas...

Es el peor día de mi vida. A lágrima viva sin que nadie me vea. Pienso. No encuentro consuelo ante la dura noticia que hemos recibido. Tan duro era para ellos como para mí. Sentí desesperación y culpabilidad.

Lo que más me asustó fue lo de degenerativa. La incertidumbre con la que afrontar mi vida. Puedo tener un brote al año, un brote en mi vida, etc.

Tuve sensaciones de todo tipo, pérdida de fuerza en las piernas y brazos. Llegué a tener problemas para hablar, pérdida de visión, despertarme y no sentir las piernas, etc.

Mi cuerpo estaba harto. No podía seguir así. A pesar de lo bien que me veía por fuera, estaba hecho un desastre por dentro.

Un día descubrí algo increíble: **la razón por cómo estaba tenía más que ver con mi actitud que con ninguna otra cosa.**

Aquel momento cambió mi vida. Mi mundo se vino abajo. Tuve que levantarme otra vez para cambiar mi viaje en esta vida.

No tenía la culpa de tener Esclerosis Múltiple, pero si el **101% de responsabilidad.** Aprendí a dejar de ser una víctima. Aprendí a ser el único responsable de cómo vivir mi vida. Mi realidad.

La enfermedad te demuestra que todos somos muy vulnerables. Crees que tienes todo controlado. En cualquier momento puede cambiar.

Luther King decía: **"Si no puedes volar entonces corre, si no puedes correr entonces camina, si no puedes**

caminar entonces arrástrate, pero hagas lo que hagas, sigue moviéndote hacia delante".

En la vida necesitamos recibir un aviso para despertar. En abril de 2013 recibí el mío. Tenía 29 años cuando me diagnosticaron "Esclerosis Múltiple" (EM). La enfermedad de las mil caras. Nunca la había escuchado.

No sabía nada sobre el diagnóstico. No fue algo directo. Pasaron meses sin entender por qué tenían que hacerme todas las pruebas y exámenes médicos. Fue un largo proceso.

Cuando llegó el día en el que me confirmaron que tenía Esclerosis Múltiple, me pregunté, ¿Por qué ahora? ¿Por qué a mí? ¿Qué me va a pasar?

Emociones de confusión, frustración, incomprensión, negación, miedo. Sólo de pensar que no hay cura... Pero qué tengo que llevar una vida "normal", como cualquier otra persona. Eso es lo que me dijeron.

Una etapa en la que no quieres creerlo y piensas que te dirán que no tienes "Esclerosis Múltiple" sino otra cosa. Una manera de defenderme y esconderme, porque no se lo dije a nadie.

Más que un tiempo de negación, puedo decir que fue más bien un período de aceptación. Pasaron más de tres años para aceptarlo y ser capaz de superarme a mí mismo.

La "Esclerosis Múltiple" es una enfermedad invisible. Estar sin estar. Lo que no se ve parece que no existe. En España hay más de 47.000 personas con esta enfermedad. Uno de los mayores problemas es el "miedo a salir del armario", aceptarla y reconocerla.

Marcó un antes y un después en mi vida. Aprendí a ser más consciente de las cosas, de las sensaciones, de mi cuerpo: mi vida.

Todos tenemos una "**EM**" particular invisible para la sociedad.

"No vivir tu vida, no ser tú, eso es un fracaso."

Me di cuenta de que si no estaba ayudando a mejorar la vida de alguien más: estaba desperdiciando mi tiempo, mi vida, mi camino que es sólo mío.

Otros podrán caminar contigo, pero nadie puede caminar tu vida por ti.

La vida me estaba controlando a mí, en vez de controlar yo a la vida. Pese a las incomodidades que puede generar la "**EM**", hay que ser positivo y aprender a convivir.

La "**EM**" no es un impedimento para conseguir lo que uno se proponga. Nunca se debe temer a los obstáculos.

Las personas con "**EM**" no mueren de "Esclerosis Múltiple" sino que mueren con ella.

"Cuando nosotros luchamos contra algo, lo estamos reforzando. Contra la enfermedad no hay que luchar, la enfermedad hay que entenderla, tiene sus códigos, tiene sus mensajes." Enric Corbera.

Hay **muchas maneras de reaccionar ante el diagnóstico de "Esclerosis Múltiple" (EM):** culpar a la enfermedad hasta cansarse, darle la espalda y hacer ver que no existe, gritar una y otra vez hasta quedarse sin voz, lo que sea.

Nada de esto cambia el momento en que la vida de muchas personas cambia totalmente.

La realidad es así de cruda, una imposición inevitable que no se puede analizar con tiempo ni descartar. La **EM** se mantiene ahí, al acecho, llama a la puerta cuando menos te lo esperas.

A pesar de todas las incomodidades e injusticias **YO SOY UN POSITIVO COMPULSIVO** y pienso que la "Esclerosis Múltiple" no será nunca la protagonista de la película de mi vida, sólo es una [Xapa].

Los síntomas son muy complicados de explicar y de entender, por mucho que se te haya dormido el brazo al dormir, el pie al estar sentado o te haya dado un calambre al correr, no es lo mismo, aunque sirve de ejemplo para intentar explicar cómo te sientes en momentos, hay que vivirlo para saber de lo que se habla.

Miedos

Los que uno piensa cuando le diagnostican la enfermedad, de los que tienen mucho sentido en tu cabeza, de los sinceros, de los que más duelen y de los que más cuesta superar. Cuando llega el diagnóstico, piensas ¿Qué va ser de mí? ¿Qué pasará con mi vida? ¿Qué tengo que hacer ahora?

La "Esclerosis Múltiple" hace que estés consciente de todo, ¿Cuándo fue la última vez que te alegraste por dar un abrazo a un ser querido?

Hay un antes y un después, pero cada día tienes que levantarte y vivir una vida **EXTRAordinaria**.

La "Esclerosis Múltiple" fue un golpe muy fuerte en mi vida, aunque si lo piensas, la vida la tienes que vivir igual y ¡ser feliz!

Cada día me levanto y doy gracias, sonrió y hago todo lo necesario para que mi vida sea **EXTRA**ordinaria.

Los primeros tres años fueron horribles, no había un día en el que pudiera parar de llorar, todo me afectaba. Para mí, fue un varapalo. Lo normal sería hundirse ante las circunstancias, llorar, gritar, quejarse, pero todo eso tiene fecha de caducidad y si caduca cuando antes mejor.

La única discapacidad es una mala actitud y lo primero es mantener una actitud positiva en cualquier situación. La vida es un 10% de lo que pasa y un 90% cómo lo afrontamos, es decir, tenemos un 90% para mostrarle al mundo todo lo que podemos hacer, para despertar cada día, para sonreír, trabajar duro y jamás rendirse. Hay que ser agradecido y afortunado por todo lo que tenemos.

"Esclerosis Múltiple" quiero darte las gracias por aparecer en mi vida. Nada es casualidad, y quiero darte las gracias de corazón por despertar en mi vida. El hecho de enfrentarte a una enfermedad incurable, es algo que te cambia la vida.

Todo por lo que pasamos en la vida es por una razón, para aprender del pasado, presente y futuro, y superar los obstáculos una y otra vez. Nunca sabes lo que la vida te tiene preparado.

Todos tenemos una enfermedad incurable y degenerativa que se llama VIDA. Una vida normal...

Yo elijo: Una vida EXTRAordinaria.

EMpieza vivir ahora.

El significado de "In-curable" es "curable desde dentro"

Toda enfermedad considerada "incurable" se ha llegado a curar en algún momento. En mi mente y en el mundo que tú mismo creas, la palabra "incurable" no existe.

En este mundo hay mucho sitio para ti. Un mundo donde todos los días ocurren milagros. Todas las cosas buenas existen ahora dentro de ti.

El que quiere una solución tiene que ir hacia su interior, hacia su conciencia. Un síntoma es un toque de atención. Nos está avisando de que prestemos atención, porque algo erróneo está pasando.

Un mensaje del alma. Un aviso del universo. Es hora de cambiar tu vida.

Se trata de cambiar tu forma de pensar, de sentir y de ver la realidad. Tu forma de ver la realidad, determina tu realidad.

De la misma que forma que tampoco hay que eliminar la fiebre, sólo controlarla, que no sobrepase los 40 °C.

La fiebre en realidad nos cura, hace que todo nuestro cuerpo se intensifique de tal forma que quema todas las toxinas, virus, bacterias que ensucian nuestro medio interno. La fiebre en realidad, no sólo está acelerando el proceso de curación, sino que nos está sanando.

Para curarnos lo que hay que hacer es investigar en nuestro interior más profundo y buscar la causa de la enfermedad.

Hay que apartar la mirada del síntoma o de la enfermedad y buscar más allá. Tenemos que ir al origen, mejor dicho, a la raíz del problema. La enfermedad en realidad es el camino hacia la curación.

La enfermedad es el camino hacia la perfección, porque nos mejora como personas y nos aporta una serie de valores que quizás antes no teníamos muy presentes.

Todo el mundo ve defectos en los demás, pero que difícil es ver los nuestros propios. Las personas con las que interactuamos, son nuestro espejo. Aunque nos veamos muy diferentes, en el fondo no lo somos.

El significado de "Esclerosis" es "rigidez mental, dureza de corazón contra uno mismo y contra el mundo, miedo, inflexibilidad. No aceptar otra forma de ver las cosas. Múltiples endurecimientos".

Somos responsables en un porcentaje muy alto de nuestra salud. Un 101%. **De la misma forma que tenemos el poder de crearnos una enfermedad, tenemos el poder de curarnos de esa misma enfermedad.**

Nuestra mente es tremendamente poderosa, nos puede hundir y enfermar, pero al mismo tiempo nos puede salvar y curar. Sólo depende de ti.

En nuestro interior más profundo, existe un lugar desde el cual todas las cosas son posibles. El propio enfermo es el que se cura cuando decide curarse. Cuando decide ir hacia su interior y preguntarse qué está haciendo o qué está pensando.

Es responsabilidad tuya, el buscar, cuestionar, perseverar hasta encontrar el mensaje. La valiosa enseñanza oculta en cada situación, suceso, vivencia, circunstancia, síntoma y enfermedad. **Eres 101% responsable.**

Cada vez que vemos un defecto en otra persona, deberíamos de hacernos un examen de conciencia.

Porque cuando seamos capaces de ver nuestros propios defectos, sentiremos más comprensión ante los defectos de los demás.

¿Por qué no centrarte en sus virtudes? En lugar de enfocarte en sus defectos. Es sólo cuestión de cambiar tu enfoque, en vez de mirar lo negativo, mirar lo positivo.

En la vida no todo es blanco o negro. Necesitamos cuidar bien nuestro pensar y sentir. Nada es casualidad, todo tiene un <<por qué>>.

El azar y la casualidad no existen. Todo lo que nos pasa, en nuestra vida es por algo, tienen una razón de ser.

El único cambio está en ti. Si cambias tu presente, cambiarás tu futuro. El mayor negocio que existe es el negocio de la enfermedad. No dejes tu salud en manos de otros, el responsable eres tú.

Cada ser humano tiene su propia historia diferente de las demás, pero con un rasgo en común: "todos estamos acostumbrados a vivir y a no saber que nos va pasar mañana". Nuestro cerebro sigue indicaciones, interpreta y la mente no distingue la realidad de la fantasía.

Si no acabas, es como si no hubieras empezado y si no empiezas, no avanzas.

En la vida de cualquier persona, hay un punto de inflexión. Yo tomé una decisión que cambiaría mi vida para siempre. Decidí que iba a sentirme bien y que iba a vivir mi vida como merecía sin limitaciones que me hicieran sentir peor.

Empecé a estudiar el funcionamiento de la mente humana, la energía y aplique mis nuevos conocimientos en mi vida con grandes resultados. Y entonces encontré mi misión: **¡Compartirlo!**

Hay demasiada gente en el mundo que necesita saber esto, y darse cuenta de que el poder vivir bien, con salud y fuerza está dentro de uno mismo, no en soluciones externas.

Lo más importante es como tú decidas estar y lo que tú crees que es posible para ti, y que tu actitud y tus acciones reflejen esas creencias.

Espero que mi experiencia y el contenido de mi libro te sean de gran valor y que en mi caso tener la $[\text{XAPA}]$ de "Esclerosis Múltiple" es -lejos de ser el fin- una excelente oportunidad para aprender a disfrutar de la vida.

Todos conocemos historias de personas que nos inspiran, personas con grandes desafíos, pero que logran superarlos y transformarlos en oportunidades.

A partir de mis experiencias y del conocimiento que descubrí de mis mentores, he dedicado gran parte de mis últimos cincos años de mi vida a entender "por qué hacemos lo que hacemos" y "quienes somos en realidad". **El obstáculo más grande es la mente.**

La mayoría de las personas creen que las circunstancias determinan su futuro, pero no saben que son las circunstancias, sino lo que haces con ellas. ¿Quieres excusas o razones para renunciar a vivir una vida **EXTRAordinaria**?

En la vida, nosotros somos la causa que provoca nuestras circunstancias.

Hay que hacer que las cosas pasen, y cambiar las circunstancias para adaptarlas a tus sueños.

El éxito eres tú porque puedes ganar millones y te los pueden quitar. No importa. Pueden destrozarte el corazón, pero no importa, tú sabes lo que diste y en quién te convertiste. Puedes crear lo mismo con otra persona a tu lado.

Eres el tipo de persona que te conviertes en el camino. En cada intento te vuelves mejor persona. Jamás podrán quitarte quién eres TÚ.

Tratamos de ser alguien que no somos.

"Éxito es hacer más por el mundo de lo que el mundo hace por ti" Henry Ford.

Mi [XAPA] me hizo ver que esa situación solo era una distorsión de lo que en realidad mi vida debería ser y recuperar el control de mi vida.

Mi [XAPA] provocó que me interesará en las claves del éxito y la superación personal.

Empecé a leer, escuchar, asistí a formaciones de crecimiento personal. Conecté con mi propósito de vida que es "ayudar a otros a superar sus miedos, encontrar su pasión y poder vivir su vida".

Decidí escribir este libro para que llegara al máximo número de personas en el mundo gracias a una intensa formación de Level UP: "Diamante en Bruto" con Carlos Delgado y al evento de "Vuélvete Imparable" de Laín García Calvo.

Todos tenemos un diamante en nuestro interior que hay que pulir para que brille y cumplir nuestros sueños. Las rocas se convierten en diamantes con la presión y temperaturas extremas, aunque la mayoría saltan...

Todos hemos pasado por momentos en los que hemos aprendido de la vida y los hemos superado. También podemos ayudar a otros a hacer lo mismo.

La vida me iluminó para poder ayudar a otras personas a superar sus problemas.

Todos tenemos enemigos, el mayor somos nosotros mismos, y está en juego lo más importante para ti, tu vida.

Tu vida sin excusas, sin quejas, sea como sea, no importa de dónde vienes, importa a dónde vas y tu vida: "**EM**pieza aquí ahora". ¡Felicidades!

Todos tenemos "limitaciones". La clave es convertirte en alguien más grande cualquier problema. No hay ningún problema.

Recuerda ser libre, confiar en ti, elevar tu Amor propio, tu autoestima y tu poder personal para alcanzar tus sueños, no dejando que nada ni nadie te detenga. La vida pasa muy rápido. Hoy es el día en el que harás que las cosas pasen.

EMpieza a escribir tu propia historia.

Entre todos los espermatozoides ganó el tuyo, naciste, estás vivo, has superado muchos obstáculos y aquí sigues vivo. La persona más importante e interesante del mundo.

"Puede ser que yo no sea la persona más interesante, pero sí soy la que más me interesa".

Tu momento es ahora, **EM**pieza vivir tú vida ahora.

Desde bien pequeño he creído en que había algo más y que no todo es lo que parece.

REGLA Nº 1: Tú eres el responsable **101%** de todo lo que te sucede.

La vida tiene sus reglas y tenemos que conocerlas. La principal es que somos responsables de todo lo que nos sucede.

Las cosas no suceden por casualidad. Todas esas cosas que creemos, que nos suceden por casualidad.

En nuestra vida somos los responsables (la CAUSA) que provoca nuestras circunstancias (RESULTADOS).

Una vez asumes la responsabilidad de todo lo que te sucede y aceptas que las decisiones que has tomado, es cuando asumes tú eres el que crea tu propia vida.

¿Qué prefieres vivir una vida normal o una vida **EXTRAordinaria**? Si quieres un cambio, no hagas siempre lo mismo.

Soy Luis García Ruiz y esta es mi historia. Cada uno tenemos una historia única. Algo que contar y una vida por superar. Deseo de verdad que te ayude.

Porque la vida se trata de tomar decisiones y elegir la vida que quieres vivir. Con más o con menos, eso no importa, pero persigue tu pasión y haz aquello que te gusta.

Haber pasado por esa experiencia en la que me sentí tan disociado de mi cuerpo, y haberla superado, hace que hoy, y cada día, me ame más a mí mismo y me sienta más joven a pesar de los años.

He recuperado mi mejor versión, a mí mismo, la alegría, la vitalidad, la ilusión, mi vida y la persona que soy.

Gracias al desafío y la [XAPA]: "EM" escribí este libro para todo el mundo. No todo el mundo que tenga la [XAPA], y eso que para mí fue una BENDICIÓN, no un problema.

Quiero contarte que ahora se quién soy, tengo un propósito de vida, más salud y energía que nunca.

Mi querido tío Agustín, cuando nací dijo, que sería Ingeniero de Caminos. Estudié Ingeniería Informática.

Una de mis grandes pasiones y de mis mayores habilidades, es ayudar a otras personas, en su camino hacia la autorrealización y amor propio. Al final llevaba razón: en que sería Ingeniero de Caminos de VIDA.

Antes de continuar este maravilloso camino.

¿Me ayudas a ayudar a más gente?

¿Me ayudas a dejar un mundo mejor porque tú y yo estuvimos en él?

¡Lo que das recibes y vuelve a ti multiplicado!

Vivimos en tiempos de cambio, hay millones de personas que necesitan ayuda, ¿Estás de acuerdo conmigo? Eso sí, antes debes ayudarte a ti mismo.

El conocimiento es Universal. Sé una fuente de inspiración para quienes te rodean.

Sácate una foto con el libro y compártela en redes sociales y en el comentario usa el hashtag **#EMpiezaVivirAhora #Aprendedores**

Si sientes la necesidad de compartir alguna de estas páginas, puedes sacarle una foto con el móvil y compartirla en tus redes sociales.

Te animo a que compartas alguna de las páginas que más te inspiren y que pongas el hashtag **#EMpiezaVivirAhora** para que esas personas puedan llegar a ellas igual que tú y que yo.

Estoy esperando conocerte. Escríbeme y hazme llegar tus fotos y comentarios al email: **ahora@lgaruiz.com**

EMpieza. Hoy es el día. El mejor día es ahora.

Tanto si decides ayudarme o no, quiero agradecerte de todo corazón haber adquirido este libro. No quiero entretenerte más y disfruta del camino porque lo mejor está por llegar.

GRACIAS, GRACIAS, GRACIAS DE CORAZÓN.

¡TE AMO!

Luis García Ruiz

El premio de la lotería ha caído en mi casa.

"El azar no existe; Dios no juega a los dados."

Albert Einstein

En mi caso, nada sucedió por casualidad. Aprendí que mi propia programación mental y mis estados emocionales provocaron mis situaciones y circunstancias.

No podemos dejar en manos del "cómo estoy hoy". Hay días en los que te sientes capaz de comerte el mundo. En otros, desearías no haberte levantado de la cama.

Hay personas que dejan sus vidas en manos del "azar", y del estado de ánimo de cada día.

¿Quieres dejar tu vida al azar?

Cada año el sorteo del "Gordo de la Lotería de Navidad" celebrado en España, muestra escenas muy bonitas. No me refiero al anuncio de cada año, sino cuando la suerte recae en familias que lo necesitan realmente.

Antes de continuar, permíteme preguntarte: ¿Cuál es tu estado de ánimo al despertar? ¿De quién depende?

Te lo pregunto, porque quiero decirte, que tienes la capacidad de crear tu propio día para ti: un día espectacular o un día horrible.

Así como empieces tu día, así te irá. ¿Es posible que la mayoría de tus días sean buenos?

Si quieres tener una **vida EXTRAordinaria**, depende de ti y tu estado emocional para empezar el día.

¿Qué tipo de días quieres en tu vida? Escríbelos ahora.

¡Ojo! No vale teclearlo en el portátil ni en el móvil.

¿Y por qué te digo esto? Se crea una conexión al escribir, al verlo mientras escribes, y al escucharlo en tu cabeza.

Escríbelos ahora.

_____

_____

_____

_____

_____

Ahora, pregúntate y responde lo siguiente:

¿Cuál es el precio por no hacer los ejercicios y comprometerme de verdad?

Hacer lo de siempre te llevará al lugar de siempre. ¿SÍ o SÍ? EMpieza ahora, ¡hazlo!

La lotería es una ilusión, no vaya a ser que toque el número que se vende en el trabajo o en el bar y yo sea el único que no ha comprado.

La lotería es azar y a pesar de que la probabilidad de que el Gordo de Navidad te toque, es de 0,00001%, o lo que es lo mismo, una entre 100.000, seguro que quieres jugar a la lotería por si acaso.

Y eso que tenemos las mismas probabilidades que las de morir por un rayo. Yo hace años que dejé de jugar al azar.

Estoy convencido de que nadie sale de su casa con miedo a que un rayo sea lo último que vea en su vida. Sí son muchos los que sueñan las semanas previas al sorteo, con abrir la botella de champán delante de las cámaras de televisión.

La mayoría de la gente no tendrá tanta suerte como el estado al que siempre le toca el premio "Gordo de la Lotería de Navidad".

Mucha gente compra porque **"a alguien le tiene que tocar"**.

Y la lotería podría ser la "única" forma para salir de la "mierda" y decir "a ver si este año salgo de pobre". Pasar frío en la cola de doña Manolita, porque allí siempre toca. Restregar los décimos de lotería por la estampita de Jesús de Medinaceli para después memorizar y visualizar a los niños del Colegio San Ildefonso cantando el "Gordo" con tu décimo de lotería el 22 de diciembre de cada año de tu vida. ¿Te viene alguien a la cabeza?

Es aquello con lo que hemos soñado. Es eso que nos hemos imaginado para después inventar una vida de lo que podríamos hacer con el dinero, como comprar un coche, dar la vuelta al mundo en globo o "tapar agujeros".

No es solo una ilusión, es una forma de soñar demasiado cara, y que te sugiere que la única forma de escapar del camino marcado, es el azar, tu destino. La lotería es cruel y es el camino más fácil.

"El Universo te da lo que necesitas, pero no siempre lo que quieres"

Esta frase es aplicable sobre todo a nuestros deseos "materiales": ganar más dinero, conseguir un trabajo mejor, tener mayor éxito social, etc.

Por ejemplo, una persona que se siente infeliz porque no le gusta su trabajo. Una cosa es tener la intención de conseguir un trabajo mejor, puede que lo consigas y también podría ocurrir que en lugar de conseguir otro trabajo, te des cuenta de que el que tienes es el mejor.

Y así, el premio "Gordo de la Lotería de Navidad" no cayó en casa de Raúl, ni de Gloria, ni de Álvaro.

El premio de la Lotería de Navidad del día 22 de Diciembre de 1983, cayó en mi casa, pero no fue el Gordo, fui YO, uno entre...

El mismo día que yo nací, resulta que nacieron aproximadamente más de 300.000 personas en el mundo, 12.791 personas a la misma hora que yo.

¿Es tu vida un accidente que se rige de forma aleatoria? ¿Para qué estamos aquí?

Todo lo que existe tiene un propósito, por más que muchas veces no seamos capaces de descifrarlo. No en vano, creer que no tenemos ningún tipo de control sobre nuestra vida, refuerza nuestro victimismo.

Estamos tan cegados por nuestro egocentrismo, que solemos preguntarnos **por qué** nos pasan las cosas, en lugar de reflexionar acerca de **para qué nos han ocurrido**.

Los últimos descubrimientos científicos corroboran que la vida no es un accidente regido por el azar, la suerte ni las coincidencias.

Por más que nos cueste de ver, cada uno de nosotros recogemos lo que sembramos. Ni más ni menos.

Aunque «negamos cualquier significado trascendente de la existencia humana». De ahí que orientemos nuestra vida a saciar nuestro propio interés, tratando de escapar del dolor y el malestar que nos causa llevar una existencia vacía y sinsentido.

Y lo hacemos por medio del placer y la satisfacción que nos proporciona a corto plazo el consumo y el entretenimiento.

Formamos parte de una sociedad materialista y enferma, que se encuentra desencantada del mundo en el que vivimos.

Por eso, solemos creer que nuestra vida es un accidente regido por la suerte y las coincidencias, es decir, que no importan nuestras decisiones y nuestras acciones, pues en última instancia las cosas suceden por «suerte» o «casualidad». Esta visión, nos convierte en marionetas en manos del azar.

Estas creencias tienen su propia razón de ser. No están por casualidad, sino que cumplen la función de evitar que nos enfrentemos a nuestros dos mayores temores: el «miedo a la libertad» y el «miedo al vacío».

La persona más importante eres TÚ.

Mientras sigamos creyendo que nuestra propia vida no depende de nosotros, podremos seguir eludiendo cualquier tipo de responsabilidad y obviando la posibilidad de encontrar la respuesta a la siguiente pregunta:

¿Para qué vivimos?

¡EMpieza VIVIR AHORA!

La teoría del caos.

"El aleteo de una mariposa puede provocar un tsunami al otro lado del mundo".

Proverbio chino

Jesús se acaba de marchar de su ciudad para estudiar un master en el extranjero durante todo un año. De vuelta a casa, entra a trabajar de becario en un despacho de abogados.

Dos días más tarde, María, una nueva becaria de la universidad, se sienta al lado de Jesús. El flechazo fue instantáneo. Tan solo hicieron falta tres años para que formaran una familia y fueran felices durante el resto de sus vidas.

El <<efecto mariposa>> sería la casualidad de acontecimientos que hicieron posible que ambos coincidieran en un lugar físico determinado en el momento oportuno.

Jesús decidió estudiar un master a raíz de la dolorosa ruptura con Pilar, su ex novia, a quien conoció una calurosa noche de verano en una discoteca. Esa noche Jesús, decidió salir con sus amigos e ir a esa discoteca tras perder una apuesta. Si no hubiera perdido aquella apuesta, no hubiera ido a aquella discoteca y no hubiera conocido a Pilar. Y si ésta no lo hubiera dejado, no habría estudiado el master, que es lo que le permitió entrar de becario, conocer y enamorarse de la mujer con la que pasaría el resto de su vida.

El hecho de perder una simple apuesta le llevó a ganar un amor eterno.

Cuándo te pasa algo y te enteras de cuál es la probabilidad de que te tocará a ti, te preguntas:

¿Por qué a mí? No te quedará otra opción que asumirlo y cambiar tu opinión sobre la teoría de la probabilidad, dándote cuenta que a veces pasa, y que a alguien le tiene que tocar, aunque aparentemente no hayas hecho nada.

No te dejes tu vida en el "hacer y hacer" para "ser". A veces creemos que valemos según hacemos. Porque cuanto más hacemos y más rápido, más somos. ¿Para qué? ¿Para qué nos quieran?

A menudo confundimos el "ser" con el "hacer" o el "tener", y creemos que cuanto más tengamos y hagamos más nos van a querer los demás, pero claro esto es solo una CREENCIA.

Debemos amarnos a nosotros mismos por ser quien somos.

Una vez nos queramos y aceptemos a nosotros mismos tal y somos, también lo harán los demás.

Para realmente amar a otro ser humano, tienes que empezar por amarte a ti primero. Lo cierto es que quizás nadie te ha enseñado nunca cómo amarte. Un amor verdadero.

El secreto es amarte a ti mismo con todo tu corazón. Nunca más te sentirás solo. EMpieza hoy, ahora mismo.

No te dejes que tu vida dependa de otros te quieran. Lo único que hemos de hacer es amarnos a nosotros mismos y detenernos a saborear la vida que a veces nos perdemos intentando conseguir el aprecio de los demás.

Tú eres la causa y recuerda que primero vas tú.

De hecho, cuando parece que los demás te molestan, no son ellos: es tu propia mente.

"Nada puede molestarte tanto como tu propia mente".

¡EMpieza vivir ahora!

La ley de la sincronicidad.

"Lo que no hacemos consciente se manifiesta en nuestra vida como destino"

Carl Jung.

Todo lo que ocurre tiene un propósito, pero no podemos verlo con los ojos ni entenderlo con la mente. Tan solo puede intuirse y comprenderse con el corazón.

<<La ley de la sincronicidad>> afirma que todo tiene una razón de ser. Aunque a veces nos ocurran cosas que aparentemente no tienen nada que ver con las decisiones y las acciones que tomamos en nuestro día a día, estas cosas están ahí para que aprendamos algo acerca de nosotros mismos.

Nos resistimos a ver la vida como un aprendizaje y seguimos sufriendo por no aceptar las circunstancias que co-creamos con nuestros pensamientos, emociones y acciones. No sucede lo que queremos, sino lo que necesitamos para aprender a ser felices y a dejar de sufrir.

No existen las casualidades. Nuestras creencias y, nuestra manera de pensar, determinan nuestras circunstancias.

La vida está llena de oportunidades y de ¿CASUALIDADES? Lo que nos sucede externamente (lo que vemos) es un reflejo de nuestros procesos emocionales internamente.

Nuestra atención selecciona lo que queremos ver. Hay que abrir los ojos. Más adelante te contaré más sobre esto, ¿Quieres?

La ley del karma.

"Cada uno recoge lo que siembra"

Buda.

La <<física cuántica>>, <<la teoría del caos>> y <<la ley de la sincronicidad>> son descubrimientos científicos llevados a cabo en Occidente en el siglo XX.

En Oriente ya lo conocían desde hace más de 2.500 años, alrededor del siglo V a.C. Por aquel entonces se popularizó <<ley del karma>>, también conocida como la <<ley de causa y efecto>>.

En esencia, viene a decir que todo lo que pensamos, decimos y hacemos tiene consecuencias. Según la <<ley del karma>>, cada uno de nosotros <<recibe lo que da>>. Nada sucede por la <<casualidad>>, sino por la <<causalidad>>.

En la época de Buda vivió una anciana mendiga llamada **Confiar en la Alegría.** Esta mujer observaba cómo reyes, príncipes y demás personas hacían ofrendas a Buda y sus discípulos, y nada le habría gustado más que poder hacer ella lo mismo. Así pues, salió a mendigar, y después de un día entero sólo había conseguido una monedita. Fue al vendedor de aceite para comprarle un poco, pero el hombre le dijo que con tan poco dinero no podía comprar nada. Sin embargo, al saber que quería aceite para ofrecérselo a Buda, se compadeció de ella y le dio lo que quería. La anciana fue con el aceite al monasterio y allí encendió una lamparilla, que depositó delante de Buda mientras le expresaba este deseo: "No puedo ofrecerte nada más que esta minúscula lámpara, pero por la gracia de esta ofrenda, en el futuro sea yo bendecida con la lámpara de la sabiduría. Pueda yo liberar a todos los seres de sus tinieblas. Pueda purificar todos sus oscurecimientos y conducirlos a la iluminación". A lo largo de la noche se agotó el aceite de todas las demás lamparillas, pero la de la anciana mendiga aún seguía ardiendo al amanecer cuando llegó Maudgalyayana, discípulo de Buda, para retirarlas. Al ver que aquella todavía estaba encendida, llena de aceite y con una mecha nueva, pensó: "No hay motivo para que esta lámpara permanezca encendida durante el día", y trató de apagarla de un soplido, pero la lámpara continuó encendida. Trató de apagarla con los dedos, pero siguió brillando. Trató de extinguirla con su túnica, pero aun así siguió ardiendo. Buda, que había estado contemplando la escena, le dijo: "¿Quieres apagar esa lámpara, Maudgalyayana? No podrás. No podrías ni siquiera moverla, y mucho menos apagarla. Si derramarás toda el agua del océano sobre ella, no se apagaría. El agua de todos los ríos y lagos del mundo no bastaría para extinguirla". ¿Por qué no? Porque esta lámpara fue ofrecida con devoción y con pureza de mente y corazón. Y esa motivación la ha hecho enormemente beneficiosa.

Cuando Buda terminó de hablar, la mujer se le acercó, y él profetizó que en el futuro llegaría a convertirse en un buda perfecto llamada "Luz de la lámpara".

Así pues, es nuestra motivación, ya sea buena o mala, la que determina el fruto de nuestros actos. Shantideva dijo:

Toda la dicha que hay en este mundo, toda proviene de desear que los demás sean felices. Y todo el sufrimiento que hay en este mundo, todo proviene de desear ser feliz yo.

¿Por qué a mí?

"Todo pasa por algo en la vida. Nada es cosa del azar"

Luis García.

¿Cuántas veces te has hecho la siguiente pregunta?:

"¿Por qué me tiene que pasar a mí?"

Por lo que sea, aquí estás, has llegado aquí porque **todo pasa por algo.**

Las casualidades no existen, todo tiene una causa. Nada es casualidad, sino CAUSALIDAD.

El destino baraja las cartas, nosotros las jugamos.

Carl Jung, define al destino como "aquellos de nosotros mismos que no conocemos", es decir, el destino tiene que ver con uno mismo.

¿Existe la buena y la mala suerte? Lo que sucede es que no somos plenamente conscientes de nuestro poder de elegir.

Porque en realidad, **la vida no es cuestión de buena suerte o mala suerte, sino de CAUSA Y EFECTO.**

"Toda causa tiene su efecto; todo efecto tiene su causa; todo sucede de acuerdo con la Ley; la suerte no es más que el nombre que se le da a una ley no conocida; hay muchos planos de casualidad, pero nada escapa a la ley".

La gente pobre cree que, si lanzamos una moneda al aire, el hecho que salga cara o cruz, es algo aleatorio. Los ricos, sin embargo, saben que hasta este hecho, no es fortuito, sino que hay ciertas causas que generarán que salga un lado u otro de la moneda. La cara o la cruz son sólo efectos.

La base de todo éxito es el PENSAMIENTO.

Existen dos tipos de **ESCÉPTICOS** en el mundo:

1. Los que dicen NO ME CREO NADA y se van por donde han venido, siguiendo con sus vidas y sus problemas para siempre.

2. Los que dicen NO ME CREO NADA, pero lo comprueban porque piensan ¿Y si esto es verdad?

Los segundos son los que transforman su vida y luego van los primeros a preguntarles qué hicieron diferente a ellos.

Porque los primeros son MEDIOCRES (que medio-creen) y los segundos son VISIONARIOS, trascienden a su mente y ven donde otros no ven.

La clave está en tu pensamiento, pero no en el consciente, sino en **TU MENTE INCONSCIENTE**.

Si hay cosas que no pasan es por algo que lo impide llamado MIEDO. El miedo nos corta las alas y nos impide reaccionar. **Hazlo, y si te da miedo, hazlo con miedo.**

Un día, cuando creías tener todo controlado, de repente todo se cae.

Todos emprendemos cada día y luchamos por la vida en busca de la felicidad. Es curioso que deseemos algo tanto que realmente no buscamos...

Tenemos la capacidad de cambiar de ánimo constantemente. La obsesión por alcanzar la felicidad, nos hace olvidar el sentido por el cual hemos venido al mundo.

Escribe para soltar la mente, para contar una historia, para ordenar tus ideas, para recordar, para no olvidar, para ser recordado, para no envejecer, para encontrarte a ti mismo, para decir quién eres. Para lo que sea, pero nunca dejes de escribir.

Para un momento, y define para ti que es la felicidad. Escríbelo en tu diario de reflexiones. Escríbelo en papel para que puedas leerlo dentro de un año y te darás cuenta que no tiene ni el mismo efecto, ni tampoco el mismo deseo.

Escríbelo ahora.

¿No has hecho el ejercicio verdad? ¿Quieres ser feliz?

¿Por qué quieres serlo? ¿Para qué?

Pregúntate y responde ahora: ¿Para qué?

"La felicidad huye de quien la busca. Ella viene sólo del interior". Mahatma Gandhi.

Lo realmente importante es el presente. Apreciar lo que te da la vida, disfrutar de ella. EMpieza a ser feliz desde ahora, porque puedes serlo cada día.

En mi caso, nada sucedió por casualidad. Aprendí de mi propia programación mental y de mis estados emocionales.

Sentí como la vida de un día para el otro puede dejar de existir.

Empecé a estudiar y leer libros, porque no me iba a detener hasta encontrar la solución y conocer cómo funcionaba mi cerebro.

Cómo podrían afectar mis emociones, que había condicionado mi presente y mis decisiones.

Y, ¿Por qué? El 95% de las decisiones, pensamientos y sentimientos son dirigidos desde la parte inconsciente de nuestra mente.

La parte inconsciente del cerebro, tiene una capacidad superior a la parte consciente. Creemos tomar decisiones y afrontar razonamientos, pero sin darnos cuenta, todas ellas han evaluadas previamente por la parte inconsciente.

El origen del pensamiento determina tus resultados tal y como tú piensas ahora.

El ser humano no utiliza la mayor parte de su mente, porque el 95% son pensamientos inconscientes. Los pensamientos inconscientes dominan nuestras vidas nuestras decisiones y cómo nos sentimos.

No somos quienes creemos que somos.

¿Para qué sirve nuestra mente? Sirve para pensar, pero ¿Verdaderamente la utilizamos mucho para eso?

¿Cuánto tiempo al día estamos pensando y buscando soluciones a problemas?

La mente inconsciente tienen como objetivo protegernos <<la supervivencia>>. No tiene como objetivo nuestra felicidad.

Lo que buscas en la vida está en el lado opuesto.

Algunos pensamientos dan lugar a emociones que provocan sufrimiento (miedo, vergüenza, inseguridad, fracaso, soledad, etc.) y no nos gusta cambiarlos ni cambiar.

Tu nivel de resultados siempre será equivalente a tus niveles de pensamientos. En general nos escapamos de las decisiones, las prolongamos en el tiempo y las aplazamos.

A lo largo de nuestra vida, las enseñanzas que recibimos y nuestra propia experiencia van formando los valores que son los que definen quiénes somos.

Los valores son creencias que nos hacen elegir unas cosas y circunstancias sobre otras. ¿Qué es lo más importante para ti?

Tenemos convicciones profundamente arraigadas que determinan tu forma de pensar, sentir y actuar.

¿Cuáles son tus valores?

Pregúntate y escribe en tu diario de reflexiones:

¿Quién soy realmente?

Aquí tienes un ejemplo que quiero compartir contigo, porque me hizo tomar conciencia de una forma diferente a como lo hacía antes. Mis valores son:

1.- Amor.

2.- Felicidad.

3.- Honestidad.

4.- Familia.

5.- Superación.

Cuando tienes que decidir y no decides obtienes frustración. Cuando tienes que decidir y decides obtienes alegría, satisfacción y felicidad.

La mayor fuente de cambio depende de uno mismo y en el peor de los casos obtendrás un montón de experiencia y aprendizaje.

Tienes que elegir el tipo de persona que quieres ser. **EMpieza** HOY.

Si eres como yo, alguna vez te habrás tenido la sensación de querer cambiar, progresar, crecer. Comprométete a hacer por ti.

EMpieza hoy el día, la oportunidad de alcanzar tus metas y resultados para ser tu mejor versión y poder recordarlo cada vez que quieras, cada vez que lo necesites. Desde hoy puedes elegir en cada instante la persona que quieres ser.

No te preocupes, eres capaz de alcanzarlo. Elige cómo quieres que sea tu vida a partir de ahora. **EMpieza** hoy a ser FELIZ para siempre.

¿Cuáles son tus valores?

Escríbelos ahora.

_____

_____

_____

_____

_____

Somos esclavos de nuestra mente inconsciente que no distingue entre lo real o imaginario.

Mark Twain escritor y humorista estadounidense decía que **"dentro de veinte años estarás más decepcionado por las cosas que no hiciste que por las que hiciste. Así que suelta amarras, navega lejos de puertos seguros, atrapa los vientos favorables en tus velas. Explora. Sueña"**

Nuestra vida entera cambia en un instante. La vida no es tan simple como blancO o negrO. Recuerda sólo es una [XAPA].

Los problemas son los que nos hacen crecer. Son los que nos obligan a hacer más.

La vida siempre pasa por nosotros, no nos pasa a nosotros. Las personas nos ocupamos de pequeños problemas que convertimos en grandes para no ocuparnos de las decisiones más grandes porque nos asustan.

El mundo cambia muy rápido a toda velocidad. Decide de qué va tu vida en lugar de limitarte a seguir la vida y toma las riendas de ella.

Recupérate a ti mismo, en vez de seguir el mismo patrón durante años. ¿Qué es más importante que el AMOR? Nada.

Todos tenemos lo que toleramos. Siempre eliges, pero si te quedas en lo que tu mente quiere, estás perdido. Hay que hacer que sucedan las cosas. Estamos destinados a CRECER. ¿Qué es una vida **EXTRAordinaria** para ti?

Estamos destinados a crecer para así tener algo que dar, pero nos han programado para lo contrario. Un trayecto es predecible, pero en el viaje de la vida descubres nuevas sensaciones, un nuevo yo,...

Si yo no hubiera limpiado y reprogramado mi mente, no sería quién soy ahora. Mis capacidades siempre han estado ahí, pero mi mente no me permitía creer en mí y actuar en consecuencia debido a los pensamientos limitantes que cada persona tenemos.

Como dice Carlos Delgado: **"La mente que te protege es la misma que te encarcela"**.

Lo mejor es prepararse para que te toque la lotería todos los días, cada día de tu vida. Cada año cuando llega el 22 de Diciembre me toca la lotería, porque sé que me va a tocar y todo el año sabiendo que me va a tocar después de un año de trabajo, aprendizaje y crecimiento.

Todo lo que hemos visto, escuchado y experimentado en nuestro entorno desde pequeños, nos ha condicionado en nuestra programación mental.

Nuestras CREENCIAS afectan a nuestros RESULTADOS.

Hay que creer en uno mismo y quererse uno a sí mismo lo primero. AMOR INCONDICIONAL.

¿De qué color quieres ver tu vida?

No hace faltat llegar a una situación para darte cuenta de que hay cosas que no van bien. Te invito a reflexionar un minuto.

Recuerda algo que te haya pasado hoy. ¿Cuál es el primer pensamiento que te viene a la cabeza? Por favor, dedica al menos diez segundos a pensarlo. ¿Lo tienes?

¿Qué es? Es algo negativo, positivo o algo que no hiciste, porque estás demasiado preocupado por tu futuro, dejando de vivir en el presente.

"Lo que más me sorprende del hombre occidental, es que pierden la salud para ganar dinero, después pierden el dinero para recuperar la salud. Y por pensar ansiosamente en el futuro no disfrutan del presente, por lo que no viven ni el presente ni el futuro. Viven como si no tuviesen que morir nunca, y mueren como si nunca hubieran vivido". Dalai Lama.

¿Qué quieres de tu vida?

Escríbelo para que cualquiera que lo lea pueda entenderlo.

_____

_____

_____

¿PARA QUÉ? Para qué lo quieres. ¿Qué estás buscando?

Mi experiencia me dice que es para SER FELIZ, SENTIRSE REALIZADO, o ESTAR EN PAZ.

Todos queremos lo mismo. No se trata de qué forma sino en quien tienes que convertirte para que tu felicidad sea inevitable, tomando la forma que tú decidas.

Los vehículos que puedan conducirte a la FELICIDAD no importan.

¿Cuál es tú PARA QUÉ?

Del por qué al para qué.

"El caos es el orden que todavía no comprendemos."

Gregory Norris-Cervetto

Un granjero tenía sólo un caballo. Un día el caballo se escapó.

Todos los vecinos llegaron diciendo, *"Lo siento tanto. Esta es una muy mala noticia. Debes de estar muy molesto"*. El hombre simplemente respondió, *"Ya veremos"*.

Unos días después su caballo volvió con veinte caballos salvajes. El hombre y su hijo metieron a los 21 caballos en el corral.

Todos los vecinos llegaron diciendo, *"¡Felicidades! Esta es una muy buena noticia. Debes de estar muy feliz"*. El hombre simplemente respondió, *"Ya veremos"*.

Uno de los caballos salvajes golpeó al único hijo del granjero, rompiéndole sus dos piernas.

Todos los vecinos llegaron diciendo, *"Lo siento tanto. Esta es una muy mala noticia. Debes de estar muy molesto"*. El hombre simplemente respondió, *"Ya veremos"*.

El país entró en guerra, y todo hombre joven y en buena condición física fue reclutado para luchar. La guerra fue terrible y mató a todos los hombres jóvenes, pero el hijo del granjero se salvó, ya que sus piernas rotas evitaron que fuera reclutado.

Todos los vecinos llegaron diciendo, *"¡Felicidades! Esta es una gran noticia. Debes de estar muy feliz"*. El hombre simplemente respondió, *"Ya veremos"*.

En la mayoría de ocasiones solemos preguntarnos por qué nos pasan las cosas, en lugar de **reflexionar acerca de para qué nos han ocurrido.**

Existe una diferencia abismal en la forma de afrontar nuestras circunstancias.

Preguntarnos << ¿Por qué?>>, es totalmente inútil.

- Percibimos la situación como un problema.

- Adoptamos el papel de víctima.

- Nos hace sentir impotentes.

Por el contrario, preguntarnos <<para qué>> nos permite ver esa misma situación como una oportunidad. Esta percepción nos hace responsables y favorece que empecemos a intuir e incluso a ver, el sentido oculto de las cosas.

En cualquier caso, siempre tenemos la oportunidad de aprender de cualquier experiencia, sea la que sea.

Ahora mismo, en este preciso instante, tus circunstancias actuales son el resultado de la manera en la que has venido pensando y actuando a lo largo de tu vida.

La vida no te sucede a ti, sino que sucede "para ti".

En líneas generales, la física cuántica, establece que la «realidad» es un campo de potenciales posibilidades infinitas. Sin embargo, sólo se materializan aquellas que son contempladas y aceptadas.

El universo donde vivimos está prácticamente vacío. La unidad mínima es el átomo. Vivimos en un universo en el que prácticamente nada es información.

Si vivimos creyendo que estamos aquí para tener un empleo monótono que nos permita pagar el precio de nuestra vida, eso es lo que habrá co-creado nuestros pensamientos, decisiones y comportamientos.

Por el contrario, si cambiamos nuestra manera de pensar y de actuar, tenemos la posibilidad de cambiar el rumbo de nuestra vida, cosechando otro tipo de resultados diferentes.

El simple hecho de creer que es posible representa el primer paso para que, a través de un proceso, podamos hacer que muchos sueños se vuelvan realidad.

"Lo que crees, creas."

Nada te puede ocurrir si no existe primero ese pensamiento en tu mente, si lo crees, lo creas. Recupera el mando de tu vida. Tú tienes el poder sobre tu propia vida y nadie más que tú.

Tú permites conscientemente o inconscientemente quien entra a tu realidad, a tu mundo. Si no existe a nivel cuántico, no puede existir a nivel físico.

Elige qué hacer durante el día, cuánto tiempo libre tener, dónde vivir. EMpieza vivir con fe, acepta el momento presente, lo puedes cambiar todo, absolutamente todo.

No permitas que la sociedad ni nadie sigan robándote tu libertad. Siéntete fuerte, libre, poderoso, confiado, imparable y entonces podrás elegir tu propia vida.

Cambia tu pasado, para cambiar tu futuro.

¡EMpieza VIVIR AHORA!

Tú inteligencia infinita.

"Hasta que lo inconsciente se haga consciente, lo inconsciente seguirá dirigiendo tu vida y tú lo llamarás destino"

Carl Jung.

Una tarde la gente vio a una anciana buscando algo frente a su choza. Algunas personas se acercaron para intentar ayudarla.

- ¿Qué has perdido?

- Mi aguja – dijo ella.

Todos se pusieron a buscarla pero pasado un rato, alguien le preguntó:

- La calle es muy larga y la aguja muy pequeña, ¿Puedes indicarnos el sitio donde cayó?

- Dentro de mi casa – respondió la anciana.

Las personas la miraron asombrados. Algunos incluso se molestaron.

- ¿Acaso te has vuelto loca? ¿Por qué buscas la aguja en la calle si está dentro de tu casa?

La anciana, sonriente, les respondió:

- Porque dentro de la casa no hay luz.

- Entonces lo más sensato es encontrar una lámpara y buscar adentro.

La anciana rio y les dijo:

- Sois muy inteligentes para las cosas pequeñas, ¿Cuándo vais a usar esa inteligencia para vuestra vida interior?

Según estudios científicos, se estima que tenemos más de 60.000 pensamientos diarios y la mayoría son negativos, repetitivos y del pasado.

No nos damos cuenta y nuestro día a día es controlado por nuestros pensamientos inconscientes que son un 95%.

Estamos biológicamente predispuestos a pensar acerca de las experiencias pasadas y acerca de las posibilidades futuras.

El pensamiento descontrolado es algo absolutamente natural, así es como la mente nos domina y nos controla.

La buena noticia es que podemos salir del caos interior.

La mente tiene la capacidad de crear nuevos pensamientos, porque la mente no para, esa es su función y su gran habilidad.

La mente crea pensamientos sin ningún tipo de esfuerzo, funciona sola y por sí misma.

Es necesaria una intención consciente para observar el funcionamiento de la mente, ver cómo salta de pensamiento en pensamiento.

Cada vez que la mente crea un nuevo pensamiento, nos avisa: "¡Eh, mira este pensamiento!".

Esta infinita de pensamientos, sentimientos y emociones.

No podemos parar de pensar, no podemos dormir ni quitarnos un pensamiento de la cabeza. La mente no sé puede detener.

Que piense lo que tú quieres que piense y no lo que ella ilógicamente decida.

Céntrate en ti, deja lo externo.

"Nada es tan bueno ni tan malo, es el pensamiento lo que lo hace tal."

William Shakespeare

Érase una vez un hombre que vivía muy cerca de un importante cruce de caminos.

Cada día, nada más salir el sol, se acercaba al cruce para instalar su pequeño puesto ambulante de bocadillos, que él mismo reparaba y horneaba en su horno de leña.

Este hombre, que no podía ver ni escuchar bien, era conocido en toda la región por sus exquisitos bocadillos, a los que dedicaba todo su tiempo, ya que ni veía la televisión, ni podía leer el diario...

La gente estaba tan contenta que cada día le compraba más y más, hasta que, meses después, el hombre decidió alquilar un terreno donde puso un cartel de colores que todo el mundo podía ver. Y seguía preparando los bocadillos y vendiéndolos como siempre, gritando a voces su conocida frase:

– *¡Compre deliciosos bocadillos calientes!*-

Y así, como atraídas por un imán, las personas se acercaba al puesto y compraban deliciosos bocadillos.

El negocio cada vez iba mejor, así que el tendero pensó en alquilar un terreno más grande y en un sitio todavía más céntrico.

Y seguía vendiendo, más y más bocadillos cada día. Tanto que tuvo que pedir ayuda a su hijo, un prestigioso empresario de la ciudad, para que le ayudará.

Al recibir su llamada, su hijo respondió:

– Pero papa, ¿No escuchas la radio ni ves la televisión? No te puedes fiar que te vayan bien las cosas ahora porque estamos en crisis, una crisis terrible, y todo va a ir a peor- le dijo.

A esto, el padre pensó:

– Mi hijo trabaja en la gran urbe, tiene un trabajo altamente cualificado, además de contactos importantes y está muy bien informado... ¡Debe saber de lo que habla!.

Así que el tendero revisó sus costes, empezó a comprar menos pan e ingredientes e incluso dejó de promocionar sus bocadillos. El efecto negativo en las ventas fue inmediato y acabó devolviendo el terreno y dejó de confiar en uno mismo.

Apenado, el tendero volvió a llamar a su hijo:

– Querido hijo, tenías mucha razón, ¡puedo asegurarte que estamos atravesando una grave crisis!

Nos creemos que somos lo que nos dijo la sociedad, lo que esperan de nosotros, y entonces pasamos mucho tiempo tratando de impresionar a otros o buscando la aprobación del grupo dónde vivimos.

Si no actúo de esa forma, aunque sea "incorrecta" no soy aprobado; pero cuando te haces responsable de tu vida, los culpables desaparecen.

Que si tu madre, que si tu padre, que si tu pareja, que si tu ex-..., que si el trabajo, que si el gobierno, que si la mala suerte..., lo que sea sirve como CULPABLE.

Un día se te acabarán los culpables y entenderás que todo está en ti.

Todos los seres humanos ocupamos un lugar y un rol que aceptamos e integramos en nuestra mente y emoción para vivir nuestra vida.

¿Qué es lo más importante? Que lo más importante sea lo más importante y lo más importante son nuestros límites.

En el mundo que vivimos se genera un contexto en el que las certezas y la búsqueda de la seguridad y estabilidad se vuelven volátiles.

Sin embargo, el control de nuestras vidas se encuentra en el interior de cada ser humano.

Tener confianza desde el poder del ser, de la fuerza del propósito de cada persona en su paso por esta maravillosa vida. El autoconocimiento y el conocimiento profundo del mundo nos obligan a entrenar nuestra mente de forma sistemática para tener una percepción diferente de todas las cosas y de todo el mundo.

Creer en ti.

"El hombre que mueve una montaña comienza llevando pequeñas piedras"

Confucio

Un minuto de silencio es una expresión de luto y condolencias realizada con un silencio, rezo, reflexión o meditación durante un tiempo determinado.

El minuto de silencio está considerado como un gesto de respeto en homenaje a una persona recientemente fallecida o como conmemoración de un acontecimiento trágico, del mismo modo que lo es el izado de una bandera a media asta.

Su origen se remonta a 1919. El soldado australiano Edward George Honey, que combatió por el ejército británico en la Primera Guerra Mundial y residía en Londres, propuso el 8 de mayo de ese año que los ingleses guardaran dos minutos de silencio a las 11:00 horas del 11 de noviembre como conmemoración del primer aniversario del tratado de armisticio, firmado un año antes.

De este modo, consideró que se rendía un homenaje respetuoso a los fallecidos durante el conflicto. La idea llegó hasta el rey Jorge V, que apoyó la medida.

Por qué no nos respetamos a nosotros mismos y no nos damos tiempo al cabo del día para reflexionar y asimilar la vida, estar en el aquí y ahora, es decir, darnos un homenaje porque realmente nos amamos a nosotros mismos.

Que no solo sea para momentos trágicos sino para disfrutar cada momento presente.

Porque, **no hay un héroe como tú en el Universo.**

Cuando dudes de ti mismo sólo recuerda hasta dónde has llegado, todo a lo que te has enfrentado, y todas las batallas que has ganado y todos los miedos.

Creer en uno mismo es el primer secreto para el éxito.

Cada persona que conocemos en la vida, es una hoja que enriquece nuestro árbol. Algunas se pierden con el tiempo, otras no se despegarán jamás.

Tu mente siempre te recuerda lo malo, lo difícil, lo negativo. Recuérdale tú a ella tu grandeza, tu pasión y tu fortaleza. Cree en ti.

La historia real detrás de la película "En busca de la felicidad" tiene un mensaje muy poderoso:

A inicios de los años 80, Chris Gardner y su hijo pequeño vivieron durante un año prácticamente en la calle. Su esposa lo abandonó, porque Chris no podía solventar los gastos del hogar y aunque trabajaba como vendedor, estaba pasando por una mala racha y su compañera de vida, no soporto esta situación, abandonando a Chris y su pequeño a su suerte.

Durmiendo en el baño de una estación de tren, en parques, refugios de iglesias, donde fuera. Comiendo en albergues, a merced de la caridad. Él y su pequeño hijo lo estaban pasando realmente mal y no fue un día, ni dos, ni si quiera semanas o meses sino un año completo.

¿Por qué Chris soportó todo esto? ¿Cuántos de nosotros no hubiéramos corrido a buscar algo "seguro"?. Hay quién dice prefiero ganar "X" que arriesgarme a ganar "10x" o nada.

Las personas exitosas muchas veces tuvieron que sufrir para poder conseguir su objetivo. Es como si estas en el fondo de una piscina y tocas fondo, no tienes otro lugar adonde ir más que hacia arriba.

Aférrate, sé valiente. Sé que vas a sufrir, vas a llorar, te darán ganas de rendirte, pero acuérdate de esta historia de Chris Gardner, el éxito y la felicidad están del otro lado.

¡No te rindas nunca!

Habrá mucha gente que te dirá que no puedes: "**Cuando quieras emprender algo, habrá mucha gente que te dirá que no lo hagas, cuando vean que no te pueden detener, te dirán cómo lo tienes que hacer, y finalmente cuando lo has logrado, dirán que siempre creyeron en ti**". John C. Maxwell.

Nuestra relación con otros refleja nuestra relación con nosotros mismos, así que cuanto más nos amamos, mejor tratamos a los demás.

"Quien se ama a sí mismo, nunca hará daño a otro". Buda.

No todo a lo que nos enfrentamos se puede cambiar, pero nada cambia hasta que no tomamos la decisión de enfrentarnos a ello.

"Los analfabetos del siglo XXI no serán aquellos que no sepan leer y escribir, sino aquellos que no puedan aprender, desaprender y reaprender". Alvin Toffler, escritor americano y futurista.

Es mucho más seguro actuar que no hacerlo.

Todo EMpieza en ti.

El amor de tu vida eres tú.

"Amarse a uno mismo es el comienzo de un romance de por vida".

Oscar Wilde.

William Shakespeare decía: "Siempre me siento feliz. ¿Sabes por qué? Porque no espero nada de nadie; esperar siempre duele. Los problemas no son eternos, siempre tienen solución. Lo único que no se resuelve es la muerte. La vida es corta, por eso ámala, se feliz y siempre sonríe, solo vive intensamente. Antes de hablar, escucha. Antes de escribir, piensa. Antes de herir, siente. Antes de rendirte, intenta. Antes de morir, vive".

Nadie va a intentar ser feliz por ti. Seguro que alguna vez has querido dejar todo atrás y empezar de cero. Los finales y comienzos van siempre de la mano, porque se puede abandonar todo, todo, menos a uno mismo.

Si hoy fuera tu último día, ¿Qué harías? ¿Lo has pensado? Piénsalo.

Pues ese destino que tienes en mente, es el que tienes que hacer.

No esperes al último día para agradecerle algo a alguien. Los últimos días nunca están señalados en el calendario.

Antes o después la muerte nos visita a todos, y ¿Qué habremos hecho? El día que nos llegue la muerte, ya será demasiado tarde para hacer todas aquellas cosas que deseabas hacer.

Como dijo Steve Jobs: **"si todos los días vives como si fuera el último, algún día tendrás razón".**

Pregúntate todos los días al despertarte: ¿Será hoy mi último día que voy a vivir? No tienes nada que perder. Más bien tienes todo por ganar, el aprendizaje, lo que dejarás al mundo, y que tu vida tenga significado.

¡Vive cada día como si fuera el último de tu vida!

¿Qué deseas hacer en la vida? ¿Lo has hecho? Recuerda que la culpa no es externa, son tus pensamientos y emociones. Si no te comprometes al 100% no servirá de nada, responsabilízate de tu vida y elige lo que quieres que pase.

Nosotros mismos somos los que creamos nuestra propia realidad y somos los únicos responsables de nuestra vida.

Todos hemos tenido en algún momento la sensación de que la vida es difícil y dolorosa en ciertas situaciones.

La clave para vivir una vida **EXTRAordinaria** está en tu propia mente, y no son solo tus pensamientos, está más allá, donde nunca te paras a mirar, en tu mente inconsciente.

Después de muchos años, tu mente inconsciente ha aprendido a no hacer caso a lo que deseas conscientemente.

¿Te quieres a ti mismo conscientemente?

El amor es el motivo fundamental por el que el ser humano sobrevive, porque en realidad tú y yo estamos en este mundo gracias al amor de una madre que nos dio la vida, al amor de unos padres que nos cuidaron y protegieron cuando éramos unos bebés indefensos, absolutamente dependientes y vulnerables.

La vida no es lo que pasa, sino de cómo reaccionamos y actuamos frente a lo que nos pasa. No son las circunstancias, sino cómo las gestionamos.

En la vida todos pasamos por momentos de dificultad. Las decisiones que tomamos precisamente en esos momentos son las que marcan la diferencia.

Podemos decidir escoger una oportunidad para crecer o quedarnos donde estamos.

Podemos tomar una decisión diferente si queremos aprovechar la oportunidad y aprender o podemos sufrir.

La respuesta la tienes TÚ.

No es lo que hacemos en la vida por lo que nos arrepentimos cuando estamos cerca de morir, es lo que nunca hemos llegado a hacer.

No sabes qué pasará mañana y te asustas. Los momentos difíciles no son un final, sino un nuevo comienzo para decidir dónde quieres estar.

Las circunstancias te enseñan a ser **101%** responsable, porque las cosas suceden porque tú lo crees así.

¿Qué quieres hacer en esta vida? Si puedes levantarte, todavía tienes esperanza y mucha vida por disfrutar.

Todavía hay tiempo, no te rindas, no renuncies a que tu vida sea **EXTRAordinaria**, merece la pena y recuerda que eres muy importante.

LAS CUATRO ESPOSAS.

Había una vez un rey que tenía cuatro esposas. Él amaba a su cuarta esposa más que a las demás y la adornaba con ricas vestiduras y la complacía con las delicadezas más finas. Sólo le daba lo mejor. También amaba mucho a su tercera esposa y siempre la exhibía en los reinos vecinos. Sin embargo, temía que algún día ella se fuera con otro.

También amaba a su segunda esposa. Ella era su confidente y siempre se mostraba bondadosa, considerada y paciente con él. Cada vez que el rey tenía un problema, confiaba en ella para ayudarle a salir de los tiempos difíciles. La primera esposa del rey era una compañera muy leal y había hecho grandes contribuciones para mantener tanto la riqueza como el reino del monarca.

Sin embargo, él no amaba a su primera esposa y aunque ella le amaba profundamente, apenas si él se fijaba en ella. Un día, el rey enfermó y se dio cuenta de que le quedaba poco tiempo.

Pensó acerca de su vida de lujo y caviló: "Ahora tengo cuatro esposas conmigo, pero cuando muera, estaré solo". Así que le preguntó a su cuarta esposa: "Te he amado más que a las demás, te he dotado con las mejores vestimentas y te he cuidado con esmero. Ahora que estoy muriendo, ¿Estarías dispuesta a seguirme y ser mi compañía?".

"¡Ni pensarlo!", contestó la cuarta esposa, y se alejó sin decir más palabras. Su respuesta penetró en su corazón como un cuchillo afilado.

El entristecido monarca le preguntó a su tercera esposa: "Te he amado toda mi vida. Ahora que estoy muriendo, ¿Estarías dispuesta a seguirme y ser mi compañía?". "¡No!", contestó su tercera esposa. "¡La vida es demasiado buena y cuándo mueras, pienso volverme a casar!".

Su corazón experimentó una fuerte sacudida y se puso frío.

Entonces preguntó a su segunda esposa: "Siempre he venido a ti por ayuda y siempre has estado allí para mí". "¿Cuando muera, estarías dispuesta a seguirme y ser mi compañía?". "¡Lo siento, no puedo ayudarte esta vez!", contestó la segunda esposa. "Lo más que puedo hacer por ti es enterrarte". Su respuesta vino como un relámpago estruendoso que devastó al rey. Entonces escuchó una voz: "Me iré contigo y te seguiré donde quiera que tu vayas". El rey dirigió la mirada en dirección de la voz y allí estaba su primera esposa. Se veía tan delgaducha, sufría de desnutrición.

Profundamente afectado, el monarca dijo: "Debía haberte atendido mejor cuando tuve la oportunidad de hacerlo".

En realidad, **todos tenemos cuatro esposas en nuestras vidas.**

Nuestra cuarta esposa es nuestro cuerpo. No importa cuánto tiempo y esfuerzo invirtamos en hacer lucir bien, nos dejará cuando muramos.

Nuestra tercera esposa son nuestras posesiones, condición social y riqueza. Cuando muramos, irán a parar a otros.

Nuestra segunda esposa es nuestra familia y amigos. No importa cuánto nos hayan sido de apoyo a nosotros aquí, lo más que podrán hacer es acompañarnos hasta el sepulcro.

Y nuestra primera esposa es nuestra alma, frecuentemente ignorada en la búsqueda de la fortuna, el poder y los placeres del ego. Sin embargo, nuestra alma es la única que nos acompañará donde quiera que vayamos. Así que, cultívala, fortalécela y cuídala ahora, porque es el regalo más grande que puedes ofrecerle al mundo.

¡Qué brille tu ALMA!

Nos pasamos media vida queriendo ser diferentes a como somos.

Conocer y **aprender** a usar **nuestra mente** es imprescindible para nuestro crecimiento. Pero sobre todo para ponerla a nuestro favor, y evitar sabotearnos a nosotros mismos.

"Quiérete porque vas a estar contigo toda la vida".

Tú eres el amor de tu vida. Ninguna otra persona puede cuidarte como tú. Si no te quieres, serás incapaz de querer a nadie más por mucho que lo intentes.

Quiérete a ti mismo, trátate con cariño y atención, porque te vas a necesitar en tu vida.

El "*no puedo*" murió...

"La debilidad de actitud se vuelve debilidad de carácter"

Albert Einstein.

El primer Maratón se corrió durante las primeras Olimpiadas de la era moderna, concretamente en Atenas, en 1896. Por aquel entonces la carrera constaba de un recorrido de 40 kilómetros, rindiendo así homenaje a un hecho histórico que posiblemente sea una leyenda.

En el año 490 a C. los atenienses y los persas iban a disputar la denominada "batalla en la llanura", en la ciudad de Maratón. Días antes, los persas habían jurado que, en el caso de vencer, irían a la ciudad de Atenas para violar a las mujeres y sacrificar a los niños.

Para que tal atrocidad no sucediese, los griegos habían decidido que si sus mujeres no recibían la noticia de su victoria antes de 24 horas, ellas mismas debían matar a sus hijos y suicidarse en masa.

Dado que ganar la batalla les llevó más tiempo del esperado, se ordenó al soldado ateniense Filípides que fuera corriendo para llegar lo antes posible a Atenas y evitar así la tragedia.

Tras recorrer los 40 kilómetros que separaban Maratón de Atenas y comunicar la buena nueva, Filípides se desplomó en el suelo, muerto. La fatiga pudo con él...

En 1908, durante los Juegos Olímpicos de Londres, la esposa del rey Eduardo VII añadió, casi sin quererlo, 2,195 kilómetros al recorrido original.

Por lo visto había insistido en presenciar la salida. Pero dado que ese día llovía, solicitó verla desde la residencia de Windsor, en vez de hacerlo desde el palco del estadio White City, donde estaba previsto iniciar la carrera.

A partir de los JJ OO de París, en 1924, se empezó a correr de forma oficial los actuales 42,195 kilómetros que configuran la prueba de resistencia por excelencia.

El medio Maratón o la media Maratón tiene una distancia es de 21.097,5 metros, es decir, la mitad de la de un maratón.

En mi caso, todo comenzó con un pensamiento. Un simple pensamiento que tiene el poder de limitarnos: "No puedo".

Al terminar de ver la película 100 metros, me dije: "Yo no puedo". La película está basada en la historia de Ramón Arroyo, que completó un Ironman con Esclerosis Múltiple.

Reconozco que hasta ese momento, jamás me había planteado la posibilidad de salir a correr. La neuróloga me recomendaba hacer una vida normal, sin esfuerzos. Yo no puedo...

Me dije a mí mismo que no me iba a quejar de nada. Estaba vivo y si alguien había sido capaz de hacerlo, yo también lo haría.

Al igual que el maestro aparece cuando el discípulo está preparado, Álvaro apareció justo en el momento que más lo necesitaba.

La sombra del pensamiento "no puedo" me perseguía en cada paso que daba. Lo único que necesitaba era comprometerme conmigo mismo.

"Si te superas a ti mismo, ¿Qué no vas a poder superar en la vida?"

4 de Junio de 2017.

XXII Medio Maratón Ciudad de Albacete.

Mis primeros 21 kilómetros –la Media Maratón de Albacete– en una hora, cincuenta y ocho minutos y treinta y uno segundos.

Mi primera Media Maratón con Los Keniatas, un equipo maravilloso e increíble de personas.

Necesitaba un revulsivo para fortalecer mi autoestima y la confianza en mí mismo.

Antes de conseguirlo, amanece una calurosa mañana y muchos kilómetros de esfuerzo que hacen que me diga: "No puedo más". Siento un fuerte pinchazo en mi gemelo derecho a falta de más de la mitad del recorrido. Lo peor que podía pasarme. El dolor me avanza a las plantas de mis pies, apenas los siento en cada paso que doy. A pesar de sentir un deseo irrefrenable de parar, no lo hago.

Mi cara de sufrimiento lo dice todo, sigo corriendo y la gente te grita: "¡tú puedes!". No les conozco, pero es imposible sentirse solo.

Lo cierto es que me quiero tirar al suelo y romper a llorar como un bebé. Quiero poner punto y final al insoportable dolor que siento en mis gemelos.

Justo en ese preciso momento, veo a mi padre. Le sonrió y pienso en lo fuerte que es él. Solo tengo una opción: seguir hasta el final y terminar la carrera.

Durante la carrera tuve muy presente a mi familia. Ellos la corrieron conmigo. Los llevaba en mi corazón. Es cierto que experimenté un dolor físico insoportable. Y que sentía que tenía que rendirme, pero...

En todo momento fui encontrando la fuerza interior necesaria para seguir corriendo.

El dolor. Es imposible explicar con palabras lo que se experimenta cuando al fin se vislumbra la línea de meta.

Uno tiene que haber corrido antes para saber lo que significa.

Al llegar a la meta empecé a llorar de alegría. Sentí una explosión. Es de las experiencias más maravillosas que he sentido en toda mi vida.

"El 'no puedo' ya no existe"

Desde entonces, cuando mi mente trata de engañarme con el pensamiento 'no puedo', me río de mí mismo y me recuerdo que si he sido capaz de correr una media Maratón, soy capaz de cualquier cosa."

Los límites no existen, los límites están para superarlos, y la única persona capaz eres tú.

Es mucho más probable que tu actitud en vez de tu aptitud, sea lo que determine la altitud en tu vida.

Grábalo a fuego: "Lo que para muchos es imposible, para ti sí es posible".

Mi legado como persona es transmitirte que tú eres capaz de hacer cualquier cosa que seas capaz de soñar.

Cuando alguien hace "lo imposible", de repente se vuelve posible para el resto. Si alguien lo ha hecho antes, ¿Por qué tú no puedes hacerlo? Hay dos personas dentro de ti, la que te dice no puedo/no quiero y la otra que te dice ¡Sí se puede!

*Y yo te digo: ¡**Sí que puedes!***

Es el momento de tomar una decisión, antes de que un día no tengas más tiempo para hacer todo aquello que soñabas, antes de que sea demasiado tarde.

*Buda decía: "**el problema del mundo es que se cree que tiene tiempo**".*

Tu momento es hoy, es ahora y la vida es maravillosa. Sólo tienes una opción: "Voy a..."

Es importante que sepas quién eres, de dónde vienes, a dónde vas y tomes el control de tu vida, sin dejarte llevar por las circunstancias.

Todos los seres humanos tenemos muchísima más fuerza en nuestro interior de la que somos capaces de imaginar.

Y para recordarnos que cada uno de nosotros puede hacer frente a su destino, superando cualquier adversidad que surja por el camino.

Nadie dijo que vivir fuera un reto fácil.

Para superar cualquier obstáculo primero tenemos que superarnos a nosotros mismos.

No hay otra forma. Y el primer paso suele ser el más difícil: consiste en creer que podemos. ¡Y tanto que podemos!

Cuida tus palabras, porque se transformarán en actos.

Cuida tus actos, porque se harán costumbre.

Cuida tus costumbres, porque forjarán tu carácter.

Cuida tu carácter, porque formará tu destino.

Y tu destino, será tu vida. Mahatma Gandhi.

El viaje de tu vida.

"La vida comienza cada mañana."

Joel Osteen

Cuentan que una vez un hombre caminaba por la playa en una noche de luna llena mientras pensaba:

– "Si tuviera un coche nuevo, sería feliz"

–" Si tuviera una casa grande, sería feliz"

–" Si tuviera un trabajo mejor, sería feliz"

–" Si tuviera una pareja perfecta, sería feliz"

En ese momento, tropezó con una bolsa llena de piedras y empezó a tirarlas una por una al mar cada vez que decía: "Sería feliz si tuviera..."

Así lo hizo hasta que solamente quedaba una piedra en la bolsa, la cual guardó. Al llegar a su casa se dio cuenta de que aquella piedra era un diamante muy valioso. ¿Te imaginas cuantos diamantes arrojó al mar sin detenerse y apreciarlos?

¿Cuántos de nosotros pasamos arrojando nuestros preciosos tesoros por estar esperando lo que creemos perfecto o soñado y deseando lo que no se tiene, sin darle valor a lo que tenemos cerca de nosotros?

Mira a tu alrededor y si te detienes a observar te darás cuenta de lo afortunado que eres, muy cerca de ti está tu felicidad, y no le has dado la oportunidad de demostrarlo.

Cada uno de nuestros días es un diamante precioso, valioso e irremplazable.

Depende de ti aprovecharlo o lanzarlo al mar del olvido para nunca más poder recuperarlo.

Todos sabemos, que siempre existe un final, que el tiempo pasa muy rápido y envejecemos pronto.

No es lo mismo perder el tiempo en la vida, que perder la noción del tiempo viviendo. Escoge esta última, vive y deja de mirar el reloj, porque si continuas viendo el reloj siempre llegarás tarde a la vida.

Tenemos sólo una vida por vivir. Cada minuto que pasa es irrecuperable. Cada momento es único y cada uno de nosotros somos únicos.

La vida es un abrir y cerrar de ojos y ya no estas. ¿Cuántas veces empezaste algo y luego lo abandonaste? Eres de los que empiezan algo y lo terminan, porque eres una persona que persiste hasta el final o perteneces al grupo de aquellos que bajan los brazos ante las adversidades.

Lo más importante es cuantas cosas terminaste, no cuantas empezaste, porque terminar es más importante que empezar.

Nadie viene a este mundo vacío, todos llegamos con algo, todos venimos llenos de potencial. No importa cuánto hayas logrado hasta hoy, aún hay mucho dentro de ti por hacer.

Hay gente que hasta se ahorran la vida y nunca se la gastan. Por ejemplo, esperan las vacaciones para hacer lo que aman, para ir a donde sueñan, para dedicarle tiempo a su pasión.

Suelen decir: "ya haré", "ya iré", y viven una vida planeando, esperando el momento indicado para ir, para hacer, para volar,...etc.

En resumen, acumulan un listado de pretextos, como "no tengo dinero", "no tengo con quien ir". Lo que les da miedo es a perder su dinero, pero no a perder su tiempo.

Todos partiremos algún día y el reloj del viaje de la vida va muy rápido.

En el viaje de la vida es bonito perder la maleta, aprender pero sobre todo desaprender, buscar respuestas y regresar con más preguntas, sentir melancolía, emborracharse de nostalgia y reírse hasta las lágrimas.

Vive la vida que quieres, no la vida que te "tocó" vivir.

Ser feliz es una decisión.

"Ser feliz es una elección. Tú eres el único dueño de tu vida y tú eres capaz de vivir siendo feliz."

Luis García.

El secreto para vivir felices tiene que ver con saber encontrar puntos de equilibrio en todo lo que hagamos. Es el pensamiento el que da paso a la emoción.

Cuando recibimos cualquier información, la mente en cuestión de segundos, hace una evaluación. Por ejemplo:

Si esta es positiva, recibiremos una emoción positiva.

Si es negativa, recibiremos una emoción negativa, pero sin pensamiento no hay emoción.

Las emociones son esos procesos innatos que forman parte de nuestra vida y a los que muchas veces no les prestamos la suficiente atención.

Desde hace algunos años, y cada vez más, se insiste en la relación directa que tienen con nuestra salud. De hecho, las emociones positivas pueden potenciar nuestra salud del mismo modo que las negativas pueden debilitarla.

Tal y como demuestran numerosos estudios, nuestro sistema nervioso central y nuestro sistema inmunológico se comunican directamente. Esto quiere decir que las emociones y el cuerpo no están separados, sino muy conectados e interrelacionados.

"Una mente lúcida y un buen corazón acompañados por sentimientos cálidos, son las cosas más importantes. Si la mente no se dirige a los pensamientos positivos y elevados, nunca podremos hallar la felicidad" -Dalai Lama-

Todos tenemos más o menos una idea de estrés en nuestra cabeza ya que lo hemos sentido en algún momento de nuestra vida.

Pero el estrés es algo muy subjetivo. No todo el mundo se estresa por las mismas cosas. Depende de la manera en que tu percibas la situación, de tus creencias, y de los recursos que dispones.

Hay ciertas circunstancias que son realmente estresantes para casi cualquier persona (pérdida de empleo, duelo, divorcio...). Son más difíciles de gestionar.

El estrés nos ayuda a adaptarnos a los cambios. Cuando es excesivo y continuado puede facilitar o predisponer la aparición de ciertas enfermedades -desde un resfriado común hasta un tumor-.

"Nada hay en la mente que no haya estado antes en los sentidos." -Aristóteles-

Nuestro cuerpo y nuestra alma están unidos: si te duele el alma, te dolerá el cuerpo y viceversa.

Si estás cansado y aburrido te faltará motivación, desaparecerá la alegría y te irás apagando poco a poco.

Tu cuerpo influye en tu estado de ánimo y tu estado de ánimo en tu cuerpo.

A lo largo de nuestra vida hay situaciones y personas que nos hieren, física o mentalmente. Si no somos capaces de sanar, el dolor persistirá y no nos permitirá vivir una vida plena y satisfactoria.

Aprende a sanar tu cuerpo y tu alma.

"El cuerpo no es más que una mera proyección de la mente, y la mente no es más que un pobre reflejo del corazón radiante." -Ramana Maharshi-

El tiempo es finito.

"Cuida de tu cuerpo, es el único lugar que tienes para vivir"

Jim Rohn

Han Shan dijo que nadie puede beber el agua de un espejismo. Ese charco en el desierto que a lo lejos nos parece tan real, se difumina conforme nos acercamos hasta que, al estar lo suficientemente cerca, nos damos cuenta de que realmente no existe. El agua no era más que una ilusión, un deseo.

Algo parecido ocurre con el tiempo y la vida. A lo lejos parece no acabarse nunca. Vemos el fin del mismo como algo lejano que no sucederá mañana. Conforme nos vamos acercando, vamos haciéndonos conscientes de que así como el charco no era real, **la ilusión infinita del tiempo, tampoco lo es.**

Vivimos como si el tiempo fuese un camino que nunca llegará a su fin.

Siempre estamos muy ocupados o no queremos encontrar el momento. Desde pequeños tenemos la CREENCIA de posponer una y otra vez "para cuando tengamos tiempo".

¿Alguna vez has pensado en tu muerte?

Nunca olvides que siempre hay una última vez para todo. Desde que naces, ya nunca serás el mismo. Ni lo será tu cuerpo ni tu mente. Nunca serás tan joven como ahora mismo. Tampoco tu libertad ni tu forma de pensar serán iguales.

Siempre hay una última vez para todo y probablemente, nunca sabrás cuando es esa última vez. Al menos hasta que llegue ese momento en el que pensarás que te hubiese gustado poder disfrutar más tiempo.

Disfruta tu vida todo lo que puedas y quieras. La gente de éxito agenda su vida. El resto está en las agendas de los demás. Aprende a gestionar tu tiempo, tu vida.

No ves el mundo como es, ves el mundo como eres.

Lo que los demás te dicen, te hacen y la manera en la que te ven siempre va a coincidir con lo que te dices te haces y la forma en que te ves. Los demás te tratarán exactamente igual a como te tratas tú.

No nos damos cuenta que experimentamos nuestra vida por la forma en que pensamos y no porque las cosas sean realmente de esa manera.

Tu mundo...

- No es lo que te dicen, es lo que te dices.

- No es lo que te hacen, es lo que te haces.

- No es cómo te ven, es cómo te ves.

Lo que sucede no es lo importante. Es cómo reaccionamos a lo que sucede lo que realmente tiene un impacto en nosotros.

No es de las cosas que hacemos en la vida que nos arrepentiremos en nuestro lecho de muerte.

Nos arrepentiremos de aquello que no hicimos. No se vence a la muerte viviendo por más tiempo. Se vence viviendo plenamente.

"La única manera de sobrevivir a la eternidad es ser capaz de apreciar cada momento".

Porque cuando te visite la muerte, ya será demasiado tarde para hacer todas las cosas que siempre quisiste hacer.

Cuando cumplí 29 años leí una frase que decía: **"Si vives cada día como si fuera el último, algún día tendrás la razón"** y desde entonces, me miro al espejo todas las mañanas y me pregunto: **"¿Si hoy fuera el último día de mi vida, haría lo que voy a hacer hoy?"**.

Mis padres siempre me han dicho: **"puedes ser lo que quieras ser, puedes hacer lo que sea que quieras hacer"**.

Cada vez que caigo, me vuelvo a levantar por la manera en que vivo, por qué vivo y la manera en que vivo.

La diferencia entre trabajar y tener un propósito de vida, un significado, es cuando lo que haces tiene significado. No es trabajo y siempre vale la penar fracasar y aprender. Siempre vale la pena arriesgar.

Pregúntate, ¿Cómo puedo crecer hoy? No quiero ser la misma persona mañana, quiero ser mejor.

"Si quieres que la vida cambie, tú tienes que cambiar, si quieres que la vida sea mejor, tú tienes que ser mejor", *ES LA ÚNICA FORMA DE HACERLO*.

La vida te enseña que nada es para siempre y sobre todo te hace más fuerte, más dependiente de ti mismo, te enseña a amar a las personas.

En cualquier momento se pueden ir y tú quedarte solo contigo mismo, y esto no es malo, es parte de la vida y el primer paso es asumirlo.

Que el mundo no se pare por nadie. Esto sigue y si hay una cosa clara, es que tenemos todo el derecho de ser lo más felices que podamos en cada momento.

La ilusión por la vida que no te la quite nadie.

He visto a mucha gente sufrir por seres queridos. Aprender a vivir sin ellos. Amigos luchando por su vida.

La vida que damos por hecho sin darnos cuenta que en realidad es un súper regalo. Nuestro mejor regalo, es la propia vida.

Tienes la obligación de brillar cada día como brillan las estrellas que te observan y brillan por ti en el cielo y en tu corazón.

Tienes que brillar por ti y por ellos. Por el regalo que nos dejaron, la vida. Su vida, en nuestros corazones. Sus sonrisas y sus recuerdos en nuestro día a día. Su amor en nosotros y el nuestro por ellos.

No hay que hacer lo posible, **¡sino hacerlo posible!**

"No es tan importante lo que te ocurre, sino el sentido que le das a eso que te ocurre".

Elige donde quieres estar, si en el lado de la gente que cree en la suerte, o en el lado de la gente que busca y persigue la buena suerte.

Hazte responsable 101%.

"Se tú el cambio que quieres ver en el mundo"

Mahatma Gandhi

Tu vida depende de ti y solo de ti, que según por lo que estés pasando. Puede que te cueste admitir, ¿Verdad?

El poder está en ti y esto es una gran noticia. Si cambias tu forma de ver las cosas, cambias tu propia vida.

Tú eres 101% responsable de tu realidad. Si tú has creado una realidad que no te gusta, AHORA puedes crear una nueva realidad que sí te guste.

Somos responsables de nuestra realidad y de todo lo que nos rodea.

El Dr. Wayne Dyer dice que: "eres una víctima cada vez que te encuentras fuera del control de tu vida". Culpar a otros por la forma en que tu vida es, les da el control. Olvídate de las culpas y acércate al concepto de "responsabilidad".

La mente inconsciente es como un niño. Quiere ser feliz y sin complicaciones. Las memorias son ancestrales y se pierden en el tiempo. Hemos guardado experiencias, sensaciones, olores, sabores, colores,...

La responsabilidad es la capacidad de producir cambios.

Sé consciente y toma consciencia.

¿Cuál es tu situación actual? ¿Eres capaz de describirla con todo lujo de detalles?

Coge papel y bolígrafo y describe tu situación, tanto lo "bueno" como lo "malo". Es muy importante que lo hagas ahora, así que hazlo ahora.

Escríbelo ahora.

_____

_____

_____

_____

No hay mejor regalo que el ahora, con todo lo que tienes. ¿Te falta algo? Agradece todo lo que ahora tienes. Agradécelo ahora, que luego lo echarás de menos y querrás recuperarlo cuando sea demasiado tarde.

No dejes que las cosas que tú quieres te hagan dejar de ver todo lo que ya tienes. Tu vida no está destinada a ser una película en la que eres el único actor, interpretando un guión escrito por otra persona.

Céntrate

"Decidir qué no hacer, es tan importante como decidir qué hacer". Steve Jobs.

El origen de tu problema no se encuentra fuera.

¿Por qué hacemos lo que hacemos?

Las decisiones son la mayor fuente de poder de cualquier persona. Todo es cuestión de nuestras decisiones. Tú vida está basada en tus decisiones.

Lo único que tenemos que hacer es tomar mejores decisiones, porque las decisiones son nuestras.

Tomar una decisión es lo mejor que puedes hacer por ti y por los que te rodean. No tomar una decisión también es tomar una decisión.

¿Dejas que las circunstancias externas controlen tu vida en lugar de responsabilizarte por tu propia vida?

¿Qué es el éxito?

El éxito pueden ser cosas muy distintas, para cada persona tiene un significado diferente.

Hacer lo que quieres, cómo quieres, con quién quieres y cuando quieres.

Muchas veces ni siquiera empezamos algo porque creemos que es o será muy difícil. Es importante tener claros tus objetivos y cuando surja algún "problema", te enfoques en la solución.

Tu mente busca la supervivencia y se inventa millones de excusas para que no lo hagas.

¿Por qué no siempre hacemos lo que realmente tenemos que hacer?

¿Por qué a veces hacemos cosas que no son buenas para nosotros y lo sabemos?

Hay decisiones que tomamos constantemente consciente e inconscientemente en nuestra vida.

Tenemos patrones automáticos, como cuando alguien te falla te enfocas en que no se puede confiar en nadie.

Admítelo

Hemos adquirido una imagen de nosotros mismos que no es.

¿Cómo asumimos nuestra identidad?

¿Cómo nos vemos a nosotros mismos?

Hay personas que se sienten importantes. Se sienten bien consigo mismas. Han tenido un desarrollo personal. Tienen una buena autoestima y confían en sí mismos.

Hay otros que pretenden confiar en sí mismos a base de acumular cosas.

Lo que ocurre es que si la confianza de una persona (esa felicidad) viene por esas cosas materiales, y hoy en día con la crisis y por las circunstancias pierden esas cosas, pierden su identidad.

Lo mismo ocurre cuando una persona dice "yo soy arquitecto", o "soy abogado", o "soy camarero", y entonces dejan de serlo. Pierden una parte de su identidad.

Esa pérdida de identidad que nos lleva a frases como "mira quién era, lo que tenía, y ahora no soy nadie, soy insignificante". En vez de pensar en los valores, o en cómo pueden marcar la diferencia de otra manera.

Lo que no te recomiendo hacer nunca es huir de los "problemas". Es decir, si los enfrentas se hacen pequeños, y si huyes, te persiguen y se hacen más grandes.

Es como huir de los miedos. Cuanto más huyas, más te debilitas, más frágil te haces. O te enfrentas a los problemas y miedos, recuperas tu confianza, recuperas tu autoestima, recuperas tu energía y te conquistas a ti mismo, y te haces mucho más fuerte, o no lo haces.

Lo haces o no lo haces.

A veces cogemos un PROBLEMA y todo el mundo empieza a hablar de ello. Lo magnificamos. Aparecen muchos expertos del problema. Miles de opiniones. Y nadie habla de la SOLUCIÓN.

Es como que hablar del problema es un mérito. Lo que me gustaría es que nos hablarán de alternativas y soluciones para desviar el enfoque de estar todo el día hablando del problema.

Empezar a ver las alternativas, qué es lo que realmente podemos hacer, cómo podemos cambiar las cosas.

Parece que todo el mundo sabía que iba a pasar esto. Lo veían venir y dicen "ya te dije yo...". Como si fuese un gran mérito.

En muchas ocasiones tenemos una persona delante que ha perdido muchas más cosas de las que tú imaginas, que está muy mal, que ha perdido la esperanza y la confianza y tú llegas y le dices: "Te voy a informar por si no te has enterado...".

Lo que esa persona necesita es otro tipo de información Necesita es esperanza. Creer. Necesita escuchar una cosa distinta y no más de lo mismo. No es cuestión de no ver los problemas ni huir de ellos.

Lo que tenemos que comprender es que nuestros pensamientos dominantes son los que controlan nuestra vida.

La calidad de tus pensamientos controla tu vida. **La persona con la que más tiempo vas a pasar eres tú**.

La persona que siempre te está escuchando eres tú.

Entonces, ¿Qué te estás diciendo a ti mismo?

Tenemos que tener mejores pensamientos para tener más confianza y fe.

La calidad de los pensamientos está determinada por la información que recibes. Si yo estoy todo el día escuchando nada más que problemas, al final lo que tengo son un montón de pensamientos negativos y una expectativa terrorífica del futuro.

RETO:

En las próximas 24 horas tienes la oportunidad de tomar consciencia de no tener ningún pensamiento negativo.

Si observas que tienes algún pensamiento negativo, vuelves a empezar hasta conseguir al menos 24h sin ningún pensamiento negativo que pase por tu mente.

Cuando una persona EMpieza a leer más libros, a asistir a eventos, cursos, formación... EMpieza a estar mucho mejor interiormente, y es cuando tiene más capacidad de hacer cosas, cuando es capaz de crear oportunidades.

Mientras estemos buscando culpables, jamás solucionaremos el problema.

Todos los "problemas" son causados por uno mismo y somos responsables de nuestra vida. Nada sucede si no haces nada. La mayoría de la gente espera que pasen las cosas, y así pasa su vida.

No sabemos lo que queremos. Tenemos de todo y demasiada información negativa. Accidentes, desgracias, crisis, enfermedades, que nos paralizan y nos confunden.

Hemos creado nuestra propia manera de pensar, de generación en generación, sin sentirnos capaces, para lo que solo hace falta abrir los ojos y vivir una vida **EXTRAordinaria**.

Hay que cambiar nuestra manera de pensar y saber quiénes somos. Casi nadie sabe quién es realmente más allá de su nombre, sus estudios, porque son mucho más.

Los "problemas" o mejor dicho las circunstancias son las que son. Puedes cambiarte tú y así cambiar tus circunstancias, es decir, no se trata de cambiarte a ti mismo sino de convertirte en quién eres, convertirte en ti mismo. Eres responsable al 101%.

EMpieza por amarte a ti mismo, es lo primero, es amor a uno mismo, porque tú eres muy importante, eres lo más importante para ti en este mundo.

Hay una gran diferencia entre vivir una vida **EXTRAordinaria** o vivir una vida de incertidumbre. A nivel emocional todos tenemos nuestras circunstancias.

"Lo quiero y lo quiero ahora", y todo tiene que ser fácil y no tiene que costar. Sin atajos. Recuerda que tienes que pagar un precio.

¿Cuándo valoramos las cosas? Cuando las perdemos.

Cuando hablas con alguna persona mayor y te cuenta historias de lo que ha tenido que pasar, el hambre y el frío, dices: "¿De qué narices nos estamos quejando?

¿Con qué nos estamos comparando? Un "problema" es una circunstancia en función de con qué lo estamos comparando.

Vivimos más en el individualismo porque la sociedad de consumo nos hace pensar más en el "YO, yo, yo".

Lo que al final a uno le da la satisfacción personal es la contribución.

Cuando eres capaz de ayudar a otro, de repente eres importante para el universo, sientes que has sido capaz de marcar la diferencia en esa persona, independientemente de tu situación.

Y no es una cuestión de egoísmo, de "voy a hacer esto para sentirme bien", sino que se hace el bien por naturaleza. Lo que más nos ayuda es conectarnos los unos con los otros.

El sentirse comprendido sin sentirse juzgado ni criticado es uno de los grandes objetivos del ser humano. **Porque la felicidad depende de uno mismo y no de la otra persona.**

Si esperas que alguien te rescate, espera sentado. Cada uno de nosotros tenemos que asumir nuestra parte de responsabilidad. Nuestro 101% de responsabilidad, porque culpando no se soluciona absolutamente nada. **Hay que aportar y ser parte de la solución.**

No se puede despertar a quien se hace el dormido. Hay gente que no se atreve por miedo a no ser capaz de conseguirlo.

La mayor de las desilusiones es luchar por conseguir los sueños. Todos los días enterramos sueños en vida por el miedo al qué dirán o la vergüenza.

Yo elijo tener mil desilusiones que vivir desilusionado.

Hay gente que por naturaleza o por su entorno tiende a ver todo negrO y quiere verlo así.

Están todo el día criticando para hundir a los demás y que así parezca que son mejores. En vez de crecer ellos, critican a los demás para sentirse más arriba.

Cada vez que abres la boca puedes construir o destruir. Si eliges ser una influencia positiva y ayudas a los demás consigues la plenitud contigo mismo.

Pero vivimos en el mundo del yo, no importan los demás, sino competir. Esto es un reto que tenemos que superar.

Son tus creencias, sean las que sean, las que crean tu actitud ante la vida. Tus resultados que ves y que vives, provienen de tus creencias.

Las creencias hacen que vivas de una determinada manera. No hay que culpar al presidente del gobierno, ni a tus padres, ni a nadie. El responsable eres TÚ al 101%.

Hemos sido **educastrados**. Lo que ha hecho que tengamos una serie de experiencias y unas creencias colectivas.

Son tus creencias ni más ni menos, que son tuyas y solo tuyas.

Ahora que lo sabes las puedes cambiar, eso ya depende de ti.

¿Qué tipo de resultados quieres en tu vida?

Si quieres resultados positivos, necesitas creencias positivas y de prosperidad.

En general, la mayoría de las personas tienen una mezcla de creencias positivas y negativas, es decir, creencias de prosperidad y creencias de carencia.

CREENCIAS POSITIVAS	CREENCIAS NEGATIVAS
ABUNDANCIA	ESCASEZ
PROSPERIDAD	CARENCIA
RIQUEZA	POBREZA

La responsabilidad de tu situación es de tus propias creencias.

Acepta las creencias de prosperidad y cuídalas. No tienes que cambiar lo que ya te funciona en tu vida, pero si puedes llevarlas a un nivel superior todo lo que puedas.

De las creencias de carencia, ya puedes despedirte. Antes de despedirte, lo primero que hay que hacer es aceptarlas y reconocer que te han ayudado en tu vida. Y las invitas a salir de tu vida y es momento de despedirte de ellas.

¡Hazlo ahora!

Te propongo un ritual:

    1.- Escríbelas en un papel.

    2.- Agradece y perdona.

    3.- Quémalas.

Toma consciencia de todo.

¡Una nueva vida de abundancia y prosperidad te espera!

La invención del miedo.

"Tu miedo termina cuando tu mente se da cuenta que es ella la que crea ese miedo"

Alejandro Jodorowsky

¿Dónde está el origen de los miedos?

Los miedos son los mismos para todo el mundo.

El "miedo" es la enfermedad más sutil y destructiva de todas las enfermedades humanas.

El miedo mata sueños, mata esperanzas, el miedo pone gente en el hospital, pero ¿Por qué permitimos que el miedo nos detenga?

¿Qué beneficio tenemos por renunciar a nosotros mismos?

El miedo es algo falso que parece real. Es una ilusión que creamos en nuestra mente que puede ser cambiado.

Absolutamente todo el ser humano tiene miedos. Lo que pasa es que la sociedad todavía nos ha inculcado más temores.

Vivimos en una sociedad que tiene miedo al cambio porque nos han **educastrado** para tener un trabajo seguro y permanecer en él toda la vida.

Hemos pasado de una era de la seguridad a una de la incertidumbre. El cambio es un proceso natural de la vida. El ser humano se adapta a todo para bien y para mal.

Las cosas no son fáciles, pero tu actitud y energía dependen de ti y las cosas no cambian, el que cambia eres tú.

La actitud y no la aptitud, determina la altitud. Ya no importan los conocimientos técnicos sino cómo somos.

Un cambio de actitud. Nos encanta quejarnos de lo mal que funcionan las cosas y disfrutamos enfadándonos con el resto del mundo.

No sabes que puedes hacerlo hasta que lo haces.

Lo que has hecho en tu vida hasta ahora está teniendo un resultado. Cualquier cosa que hayas creado en tu vida, ha venido de ti. Es el resultado del tipo de persona que decidiste ser.

Es resultado de tus decisiones y es resultado de tu conciencia. Ahora tienes que preguntarte ¿Estás satisfecho con la vida que has creado? ¿Es esto lo que quieres? ¿Quieres que las cosas sean mejor? ¿Crees que no tienes que hacer nada más?

El miedo nos empuja a saltar o a caer. Nos convence de que vamos a perder si lo intentamos. Nos proyecta una imagen que nos hace confundirnos para pensar que no tenemos nada que decir y nada que hacer.

El miedo es lo que mantiene haciendo a la gente lo que NO les gusta hacer.

No pueden ver que las cosas pueden ser mejor para ellos y creen que eso es todo lo que se merecen.

Nunca dejes que nadie te diga que no puedes hacer algo. Si quieres algo, ve por ello.

"Cada vez que dudes y aparezca el miedo, entonces sabrás que el propio miedo es la mejor razón para hacerlo".

¿Cuál es tu mayor miedo?

¿Cómo sería tu vida si no hubieras tenido miedos? Miedo al fracaso, al éxito, a no generar los ingresos económicos que deseas, a la opinión de los demás.

¿Qué prefieres tener miedo o soñar en grande?

Déjame contarte que los DOS MIEDOS más grandes del ser humano son: el **miedo a no ser suficiente** y el **miedo a no ser suficientemente querido por los demás**.

¿Qué pasaría si pudieras dejar de sentir miedo y te atrevieras a hacer o ser lo que te gustaría ser?

Te entiendo perfectamente. Quizás has estado incomprendido, pero si te conviertes en tu mejor versión, tu vida será **EXTRAordinaria**. Garantizado.

El miedo no es real, sólo es un mal pensamiento que te impide crecer y vivir como realmente quieres ante la gran oportunidad de vivir una vida **EXTRAordinaria** cada día.

Eres tú quien pone los límites mirándote al espejo y empezando a descubrir quién eres realmente. Decides hacia dónde quieres ir en la vida.

Si quieres vivir una vida más próspera, más exitosa, con más felicidad, salud, dinero y amor.

Hay tres tipos de personas:

1) Las que crean su propia realidad y son conscientes de ello, es decir, que saben exactamente lo que quieren y lo manifiestan en sus vidas.

2) Las que crean su propia realidad, pero no son conscientes de ello.

3) Las que se dejan "llevar" y simplemente "sobreviven". No crean su propia realidad.

¿En cuál de estos tipos de persona encajas?

La teoría de dos grandes mentes de la humanidad:

Albert Einstein e Isaac Newton nos dicen que: Energía (e) es igual a la masa (m) multiplicada por la velocidad de la luz (c) al cuadrado, es decir, **todo lo que tiene energía tiene masa y viceversa.**

$e = mc^2$

Esto es muy importante para entender mejor cómo funciona la Ley de la Atracción.

La Ley de la Gravitación Universal dice que: "dos cuerpos se atraen con una fuerza proporcional a sus masas", es decir, **todo lo que tiene masa tiene una fuerza de atracción.**

Conocer la Ley de la Atracción, que ha sido llamada también Ley del Karma entre otros nombres ha sido otra de las claves para empezar a vivir la vida de mis sueños y vivir una vida plena, próspera y abundante como nunca antes había vivido.

"La ley de atracción es así. Tú no atraes lo que quieres, tu atraes lo que ERES".

Las circunstancias y problemas que tenían se fueron solucionando sin más. Conocí a grandes personas. Tuve apoyo para crecer.

El dinero comenzó a entrar y muchas oportunidades acompañadas de buenas decisiones empezaron a surgir en mi vida.

Al fin empecé a crear mi propia realidad y mi propia vida.

No importa cómo es tu vida hoy o si las cosas están mal en ella. Lo que importa es que sabes que te puedes levantar cada día con una gran sonrisa, sabiendo que vas a crear y vivir tu propia realidad.

"El que quiere algo siempre encuentra un cómo; el que no, siempre tiene una excusa".

No dejes que termine el día sin haber crecido un poco, sin haber sido feliz, sin haber aumentado tus sueños.

No te dejes vencer por el desaliento. No permitas que nadie te quite el derecho a expresarte, que es casi un deber.

No abandones las ansias de hacer de tu vida algo extraordinario. No dejes de creer que las palabras y las poesías sí pueden cambiar el mundo.

Pase lo que pase nuestra esencia está intacta. Somos seres llenos de pasión. La vida es desierto y oasis. Nos derriba, nos lastima, nos enseña, nos convierte en protagonistas de nuestra propia historia.

Aunque el viento sople en contra, la poderosa obra continúa: tú puedes aportar una estrofa.

No dejes nunca de soñar, porque en sueños es libre el hombre". Walt Whitman

TU potencial.

"Tu pasado no es igual a tu futuro, a menos que te empeñes en seguir viviendo en el pasado."

Tony Robbins

TU potencial ilimitado con el que has sido creado. Tienes todo lo que necesitas para llevar una vida de felicidad, alegría y satisfacción.

Cuando nos comparamos con otros y comparamos nuestras circunstancias con las de otros, es difícil percatarse de que todo lo que necesitamos, ya lo tenemos.

Nacemos con todo lo que necesitamos para vivir una vida **EXTRAordinaria**, pero a menudo medimos nuestra vida comparándonos con alguien o algo ajeno a nosotros (AMOR, SALUD, DINERO).

Solo son pensamientos en las que una y otra vez nos comparamos con circunstancias y con el NO (no tengo, no puedo, etc.).

Buscamos constantemente aprobación de los demás. Sin embargo, no deberíamos tener comparaciones externas, para vivir nuestra exitosa vida.

Todo vendrá de nuestro interior, porque hemos sido creados con todo lo que necesitamos.

En la actualidad hay muchas personas que viven tiempos difíciles en todo el mundo, son momentos que nos hacen sentirnos incapaces de lograr el éxito.

No obstante, en cada fracaso se encuentra, una nueva oportunidad para cosechar el éxito.

Si algo no sucede como estaba previsto, significa que lo mejor está por llegar. Todo sucede a la perfección, incluso cuando las cosas van "mal". Solo tienes que CREERLO, SENTIRLO y VIVIRLO.

A menudo, cuando miramos hacia atrás, nos damos cuenta de que lo que consideramos "malO", fue lo mejor que pudo haber pasado.

Sin embargo, cuando funciona, sin duda estamos alineados con nuestro propósito de vida. **El universo siempre trabaja a nuestro favor.**

Nuestra MENTE es nuestra mejor herramienta y está compuesta por dos mentes: la mente consciente y la mente inconsciente.

Los estudios realizados afirman que la mente consciente supone aproximadamente un 5% del total de nuestra mente, mientras que el 95% restante corresponde a la mente inconsciente.

Mente consciente

Es la encargada de razonar de forma lógica. Por ejemplo:

- **Nos recuerda**, que si no tenemos alas no podemos volar.

- **Acepta o rechaza:** cuando vamos a un restaurante elige el menú: sí quiero carne, no quiero pescado.

- **Realiza análisis inteligente** basado en conocimientos probados (2+2=4), en experiencias sensoriales (el agua te moja), deducción (el café lleva agua y también te moja), y hablar con la boca llena es de mala educación.

La capacidad de análisis es limitada, ya que no puede ser objetiva por estar influenciada por el inconsciente.

Uno puede saber perfectamente que hablar en público no es peligroso, que no hay motivo para ponerse nervioso, aunque el cuerpo actué como si estuviera a punto de saltar al vacío sin paracaídas.

La mente consciente no es capaz de controlar, por muy consciente que sea, la respuesta que da su cuerpo. Y es que el cuerpo está respondiendo al inconsciente.

Mente inconsciente

Controla el sistema nervioso autónomo. Por ejemplo:

- Uno no necesita ser consciente de respirar para respirar.

- Controla los músculos involuntarios, los órganos y las glándulas.

- No controlamos conscientemente el latido del corazón, ni sudamos conscientemente cuando las condiciones así lo requieren.

Esta mente, al contrario de la mente consciente, su razonamiento es analógico, es decir, por semejanza.

Una mala experiencia en una bañera durante la niñez, de adultos puede llevarnos a tener miedo a la piscina.

Nuestra mente consciente sabe perfectamente que no es lo mismo una bañera y su cantidad de agua que una inmensa piscina, pero para nuestra mente inconsciente es algo parecido.

Nuestra mente inconsciente codifica y procesa símbolos, o lo que es lo mismo, metáforas. Los sueños no dejan de ser metáforas, símbolos de nuestra mente inconsciente.

Nuestra mente inconsciente no tiene la capacidad de rechazar. De ahí, la frase **"no te digas no puedo"**, ni en broma, porque el inconsciente no tiene sentido del humor.

La mente inconsciente absorbe, sin juzgar.

¿Quién tiene el poder?

No se trata de magia, ni de súper poderes.

Nuestra mente inconsciente es capaz de procesar 400 mil millones de bits por segundo.

Mientras que nuestra mente consciente puede procesar 2000 bits de información por segundo.

Así mientras nuestra mente consciente aún está observando, nuestra mente inconsciente ya ha detectado patrones no verbales que ha relacionado a la velocidad de la luz, probablemente con malas intenciones.

Sentimos deseos, miedos inconscientes que pretendemos obviar con excusas conscientes, y es que nos hacemos trampas al solitario...

Para poder llegar a lo que realmente deseamos, tenemos y debemos llegar a la raíz de nuestro verdadero "problema", que está escondido en nuestra mente inconsciente.

Los "problemas" que tenemos, lo que nos ocurre en nuestro día a día, no es más que la punta del iceberg, de lo que realmente está escondido incluso para nosotros mismos.

Nuestra VIDA es el resultado de nuestras CREENCIAS, las cuales se han ido almacenando en nuestra mente inconsciente de acuerdo con nuestra educación y nuestras experiencias vividas.

"Somos la suma de los que nos rodean"

El 95% de nuestras acciones o hábitos son el resultado de nuestras creencias, mientras que sólo el 5% dependen de nuestra mente consciente.

Nuestra manera de pensar, sentir, reaccionar, actuar y nuestras decisiones están condicionadas casi totalmente por nuestra mente inconsciente.

La mente inconsciente nos hace responder de manera automática a los estímulos de acuerdo con nuestro sistema de creencias, el cual se ha ido formando a través de nuestra experiencia durante toda nuestra vida.

En cada situación, encontramos nuevas oportunidades para solucionar nuestros "problemas", redefinir nuestras prioridades y explorar otras alternativas.

Si EMpezamos a ver nuestros retos de forma más positiva, nos damos cuenta de que tenemos un poder de centrar nuestra atención en que no hay límites en todo lo que podemos y queremos alcanzar.

¿Dónde está el límite? Lo pones tú.

Describe alguna de las situaciones que representan un desafío en tu vida y prepárate, porque todo lo que deseas está dentro de ti.

Recuerda que sólo tenemos el momento presente y aprecia el presente. Así que no lo dejes ir perdiendo el tiempo con el pasado.

Aprecia tu momento presente, ya que es lo único importante.

A partir de aquí y ahora crearás tu maravillosa vida futura.

¡EMpieza vivir ahora!

No tengo ningún problema.

"He tenido miles de problemas en mi vida, la mayoría de los cuales jamás sucedieron".

Mark Twain.

Si crees que tienes un problema, tienes un problema.

Ten en cuenta que todo lo que se ve a través de una perspectiva, en un determinado momento de las cosas parece difíciles, en otros no.

Sabiendo esto, cuando tengas una dificultad escoge entenderla como un reto, una oportunidad de aprendizaje.

Si lo ves como un problema, esta dificultad será sin duda un problema.

Sólo creo que tengo un problema, algo que llevo dentro de mí mismo. Las preocupaciones a las que nos enfrentamos todos los días, retos relacionados en nuestras vidas en las que etiquetamos como problemas, ¿Dónde están?

Como dijo Albert Einstein y decía: **"No pasa nada hasta que algo se mueve".**

Todo es energía. Nuestros sentidos son energía.

En la energía no hay problemas, hay que identificar qué cosas son a lo que llamamos o convertimos en problemas mediante nuestros pensamientos. Esto va a empeorar, es terrible, no tengo dinero...

En el Antiguo Testamento, dice en el primer versículo, que al principio creó Dios los cielos y la tierra (primer capítulo del Génesis). Dios lo creó todo y todo lo que creo Dios era buenO, ¿Cómo explicamos el mal?

Son tantas cosas las que forman parte de nuestra vida, de nuestra consciencia, que todo es una idea que llevamos dentro, y que se llama EGO.

Soy lo que tengo, lo que hago, lo que la gente piensa de mí, mi reputación y estamos separados del resto de personas.

El único problema que tenemos es que creemos que estamos separados de nuestro ser.

Problemas o falsas ideas, todos los "problemas" que tenemos son errores, son ideas falsas que tenemos en nuestra mente.

Una persona es lo que piensa, ¿Verdad? Lo que antecede a toda acción, es un pensamiento.

Nuestros pensamientos son lo que se convierte en nuestra vida, así que ¡cuidado con todo lo que pienses!

Nuestro cuerpo reacciona en base a nuestros pensamientos, no son matemáticas, es decir, 1+1=3.

¿Qué podemos hacer entonces para solucionar nuestros problemas? Todo está en nuestra MENTE.

Tenemos ENERGÍA para gastarla en lo que queramos, pero la gastamos en lo que no queremos.

La ENERGÍA que tenemos está en nuestros pensamientos y tenemos que tener los pensamientos que sean lo que tengan que crear lo que queremos. **¡Lo que crees, creas!**

No somos lo que tenemos, lo que hacemos, lo que piensan de nosotros, somos creencias mentales.

Estoy hablando de una manera de vivir, en la que tenemos detalles y capacidades para entender QUIÉN SOY.

Hay una parte de cada uno de nosotros que es infinita. La cuestión más relevante de la vida de una persona es su relación con el infinito.

La gente dice "no tengo tiempo". Mucha gente se sorprende cuando le preguntas:

¿El sentido de la vida?

¿Cuál es tu objetivo de la vida?

Ser feliz, disfrutar de ella y no estar en un lugar esforzándote para llegar a otro lugar.

Piensa en la naturaleza y encuentra la tuya propia.

Todo ser se origina del no ser, es el espíritu lo que da la vida, todos provenimos de ese lugar, todos cuando llegamos al mundo...

Todo lo que necesitabas estaba ahí, durante tus nueve primeros meses de vida lo han hecho todo por ti y no has tenido que hacer nada. No te preocupa el color de tus ojos, ni el aspecto de tu cuerpo, porque no dependía de ti, es el impulso hacia el futuro, te empuja hacia la dirección que es hacia la que tienes que ir, es decir, todo lo necesario para el viaje físico estaba ahí.

Todos tus propósitos están ahí, todo lo que eres, tu personalidad, está ahí todo lo que puedes llegar a ser, está ahí, finalmente nacemos.

Nos rodea mucha gente, la familia, la cultura, allá donde vayamos y nos dicen que no podemos confiar en quienes somos y tenemos que confiar en algo exterior.

Aparece el EGO y empieza a decirnos que no somos una parte perfecta, que solo somos lo que tenemos, desde los juguetes hasta las posesiones con las que nos identificamos; y creemos que cuanto más tenga más valioso seré como persona, siempre es MÁS.

No solo somos lo que tengo, sino que también somos lo que hacemos, donde en este mundo que se cree lo que se hace para que se convierta en lo que llamamos LOGRO y nos consumimos pensando que el éxito se basa en cuantas cosas se puedan llegar a conseguir.

Se nos enseña una y otra vez, lo más importante es ser mejor que el resto, creer que el mundo está diseñado para la competición.

Soy lo que los otros piensan de mí. Mi reputación. Estamos aquí para crear algo poderoso, pero las creencias del EGO nos limitan. Todas las cosas que nos gustaría tener.

Todo proviene de esa fuente, y también está en mí, en lo que siento que me falta en la vida. Cuando entendemos esto ya estamos en sintonía en espíritu con todo lo que nos gustaría tener en la vida.

Vivimos en una mentira, lo que era verdad por la mañana, por la tarde es una mentira.

Se trata de regresar a esos primeros meses desde el momento de la concepción hasta el momento del nacimiento.

Tenemos que llegar a un lugar donde tengamos la certeza de que no estamos solos. Cumplir un destino que solo podemos sentir en nuestro interior.

Ganar o superar a otra gente es menos importante que sentirse realizado, ese es el sentido de la vida. Vivir la VIDA con un PROPÓSITO, un objetivo.

Se combina ambición con el sentido de otras cosas y es necesario observar y dar un paso atrás. La ambición se transforma en objetivo.

Vives en el que solo el proceso es el que te guía. Te desapegas del resultado y empiezas a permitir que aparezcan las cosas, la lucha desaparece.

El EGO es el falso yo, y cuando lo defendemos es como defender una ilusión, algo más allá que nuestro auténtico ser.

Todos hemos venido al mundo para tocar una música, y el cambio puede suceder de muchas formas, un comentario, una coincidencia, el resultado es siempre el mismo.

¿Te das cuenta de que no estás en el mundo para luchar?

Estás aquí para disfrutar y vivir una vida **EXTRAordinaria**.

No pensar en nosotros mismos, prefiero que lo tenga otra persona antes que yo.

Pasas de un estado de derecho hacia un estado de HUMILDAD. No tenemos derecho a nada. Es el EGO el que habla, somos de lo que provenimos.

La vida DA. Es lo que sabe hacer. Respeta a la vida con sinceridad y franqueza. Recuerda dar amarte a ti mismo y ayudar a los demás.

Nadie necesita preguntarse cuál es su objetivo, siempre lo encontraremos ayudando en hacer que la vida de otros sea mejor. Es algo antiguo, pero sigue siendo relevante, y es más valioso que cualquier dinero, que no te puedas realizar hasta que no consigas tantas cosas.

No importa a lo que te dediques. Lo que importa es que te concentres en ayudar a los otros.

La gente que vive desapegada del resultado, centrándose en dar servicio, en cómo ayudar y ser amable, es decir, vive una vida **EXTRAordinaria**.

Se trata de estar en sintonía de la energía de la que estamos hechos. Sólo tenemos que vivir todas las virtudes. Hay algo más que se ocupa de nosotros, es mayor que nosotros, y controla todo, que es la VIDA.

Un lugar en nuestro interior más profundo que quiere sentirse realizado y saber que su vida ha marcado una diferencia. Que ha dejado un lugar mejor que cuando llegó, y que ha conmovido la vida de alguien solo con su existencia, seas quien seas, solo estas a un pensamiento de cambiar.

La mente controla nuestra realidad, es decir, nuestra vida. Tu cuerpo forma parte de tu realidad. En el caso de no atender tu realidad, tu cuerpo enferma. Ningún problema puede sobrevivir en el AHORA.

Los problemas necesitan el pasado o el futuro o ambos para sobrevivir. Pregúntate, ¿Qué problema tengo AHORA? La respuesta siempre será la misma: NINGUNO.

¿Dónde quieres estar?

Una mochila llena de piedras.

"Cambias tus pensamientos, y cambias tu mundo"

Norman Vicent Peale.

Una psicóloga en una sesión grupal levantó un vaso de agua, todo el mundo esperaba la pregunta. ¿Está medio lleno medio vacío? Sin embargo, ella preguntó ¿Cuánto pesa este vaso? Las respuestas variaron entre 200 y 250 gramos. Pero la psicóloga respondió: el peso absoluto no es importante, depende de cuánto tiempo lo sostengo. Si lo sostengo 1 minuto, no es problema, si lo sostengo una hora, me dolerá el brazo, si lo sostengo 1 día, mi brazo se entumecerá y se paralizará. El peso del brazo no cambia, pero cuanto más tiempo lo sujeto, más pesado se vuelve. Y continuó: "las preocupaciones son como el vaso de agua. Si piensas en ellos un rato, no pasa nada. Si piensas un poco más empiezan a doler y si piensas en ellos todo el día, acabas sintiéndote paralizado, incapaz de hacer nada."

La psicología nos ha dado la posibilidad de entender por qué la gente siente lo que siente, piensa lo que piensa y hace lo que hace. El comportamiento del ser humano y la etología (del griego ethos, costumbre, y logos, razonamiento, estudio, ciencia) es la rama de la biología y de la psicología experimental que estudia el comportamiento de los animales en libertad o en condiciones de laboratorio. La ETOLOGÍA es la ciencia que estudia el comportamiento animal y cómo evolucionan para la SUPERVIVENCIA.

Los seres humanos también formamos parte del campo de estudio de la etología humana.

Si no controlas tu psicología, no obtienes nada.

Hay que entender que el hombre, al igual que el resto de especies de seres vivos, posee un instinto de supervivencia, es decir, un instinto animal que nos protege. Por eso, no se puede entender la conducta humana a menos que conozcamos lo que ocurre dentro de nuestro cuerpo. Son pocos los seres humanos que se detienen a pensar y aceptan la importancia del comportamiento biológico. La biología es lo que nos hace a todos muy similares, todos queremos cosas similares, todos somos iguales y en función de que la biología nos rija, podemos explicar cómo reaccionamos y nos comportamos.

¿Cómo funciona el cerebro y la mente?

El cerebro, asimila, interpreta y reacciona a los estímulos.

Carl Gustav Jung, Sigmund Freud, Richard Dawkins demostraron que el ser humano y los animales somos muy similares en nuestra conducta y que está se debe a nuestro instinto que rige nuestra vida y hace que seamos lo que somos.

Sin embargo, debemos ser conscientes de que dependiendo de dónde naces, tu historia, cuáles son tus realidades y paradigmas. Todo esto puede hacer que algo signifique lo opuesto según donde estés.

El doctor Clotaire Rapaille, a través de su teoría del código cultural, nos dice que la cultura rige a las sociedades.

La verdadera conexión está en la mezcla del comportamiento biológico con la cultura. Tenemos que ser conscientes de que no se puede interpretar la conducta o comportamiento humano con una sola ciencia.

La mente inconsciente, la gente dice que quiere comer sano, pero su mente inconsciente va por comida llena de grasas como una hamburguesa.

No sé cuáles son tus desafíos, ni tus obstáculos, no importa de dónde vengas, sino al lugar a donde vas. Suelta las piedras de tu mochila y elimínalos es más importante el lugar a donde vas.

La única manera de lograr ese sueño es volviéndote imparable. No dejes que nadie ni nada te detenga, es ahora o nunca, hoy es el día que EMpieza la revolución de tu vida.

Cada uno de nosotros somos un libro por escribir. En la vida no hay arcoiris sin tormentas, sin lluvias, sin enfrentarse a nuevas situaciones no podemos cambiar.

¡Tú vida EMpieza cada día, hoy y ahora!

Aprender es muy fácil, pero desaprender es muy difícil.

"La dificultad se basa no en las ideas nuevas, sino en escapar de las viejas ideas" - Guy Kawasaki

Después de 20 o 30 años, aprender es fácil, pero desaprender nos cuesta mucho.

Nos cuesta mucho hacer las cosas de una forma diferente, independientemente de que nos sirvan o no.

¿Por qué NO cambiar si sabemos que SÍ debemos cambiar?

Leí un estudio de la Universidad de Harvard, donde uno de los objetivos era entender qué hace que la gente no cambie. El estudio descubre el momento en el que la gente entra en el conflicto de tomar decisiones o hacer las cosas de forma diferente, el cerebro gasta mucha más energía, es decir, cuestionarse y cambiar nos desgasta.

Nuestro cerebro instintivo nos dice inconscientemente que guardemos energía, porque si se termina podemos morir.

Recuerdas cuando has tenido que tomar alguna decisión clave y le has preguntado a todo el mundo ¿Qué hacer? La misma respuesta o el proceso de pensamiento nos roba demasiada energía y eso hace que el cerebro se proteja y se bloquee.

Por eso, cuando salimos de nuestra zona de confort y entramos en una zona de aprendizaje, nos sentimos incómodos y nos entra el pánico.

Generar cambios importantes requiere mucha ENERGÍA y retar a tu mente a salir de la zona de confort.

"Para volar se necesita encontrar resistencia". Maya Lin.

Hay más motivos para mentir que para decir la verdad. La gente miente consciente o inconscientemente, pero muchas veces la gente puede considerar que no miente, porque ni ellos mismos saben qué están diciendo o por qué lo están diciendo.

Resiliencia.

"El mundo rompe a todos, y después, algunos son fuertes en los lugares rotos".

Ernest Hemingway

Un día un campesino encontró a Dios y le dijo:

- Tú has creado el mundo pero no eres un campesino, no conoces la agricultura. Tienes mucho que aprender.

Dios le preguntó:

- ¿Cuál es tu consejo?

- Dame un año y deja que las cosas ocurran tal y como yo quiero. La pobreza no existirá nunca más.

Dios aceptó. Naturalmente, el campesino pidió lo mejor: ni tormentas, ni ningún tipo de peligro para el grano. El trigo crecía y el campesino era feliz. Todo era perfecto.

Al final del año, el campesino encontró a Dios y le dijo, orgulloso:

- ¿Has visto cuánto trigo tenemos? ¡Habrá comida suficiente por 10 años sin tener que trabajar!

Sin embargo, cuando recogió el grano, se dio cuenta de que estaban vacíos. Desconcertado, le preguntó a Dios qué había pasado, a lo que este respondió:

- Has eliminado los conflictos y las fricciones, así que el trigo no terminó de germinar.

Eso que conocemos como "crecerse ante la adversidad". Sí, eso, justamente eso es la resiliencia, una palabra que define la RAE como la "capacidad para asumir con flexibilidad situaciones límite y sobreponerse a ellas".

Resiliencia, o la capacidad que tiene una persona para superar circunstancias traumáticas. Según el mito griego, Ariadna, enamorada de Teseo, decidió ayudarle a matar al Minotauro, monstruo que habitaba el laberinto de Creta y que cada nueve años devoraba los siete muchachos y siete doncellas atenienses que le eran enviados como tributo. Ariadna entregó a Teseo un ovillo de hilo que le permitió, tras encontrar al monstruo y darle muerte, encontrar el camino de regreso y salir del laberinto

Las situaciones más difíciles de afrontar y superar son las que más nos posibilitan aprender y madurar como seres humanos.

Somos el resultado de las experiencias que hemos vivido a lo largo de nuestra vida. O más concretamente, de cómo las hemos interpretado y de la actitud que hemos tomado frente a ellas

Por eso, no hay mejor maestro que la adversidad.

El peor día, tú mejor día.

"Los barcos no se hunden por el agua que os rodea, se hunden por el agua que entra en ellos".

Anónimo.

No permitas que lo que sucede a tu alrededor, se meta dentro de ti y te hunda.

Nunca te compares con los demás. Llegaste al mundo con una misión propia. Y eres tan importante como cualquier otra persona.

Hay que darse cuenta de que siempre tenemos mucho más de lo que necesitamos para ser felices.

Todo en esta vida es dinámico, todo cambia en un segundo. Así que vivir lamentándote, no es la mejor opción.

Si no sabes qué hacer, no hagas nada. El universo no para de cambiar, crecer y expandirse, así que espera, porque todo pasará y todo es posible.

¿Podría ser el peor día de mi vida el que me haga llegar a los mejores días de mi vida?

Siempre somos creadores de nuestra vida. Todo lo que te sucede es atraído por ti mismo y extremadamente necesario para tu aprendizaje.

¿Por qué he atraído esto a mi vida?

Nosotros somos responsables de todo lo que nos sucede y los milagros suceden todos los días, confía y cree eso.

La medida en que comprendes la importancia de cambiar de conciencia, encuentras el poder en ti mismo de realizar milagros y de saber que tienes la posibilidad de cambiar el mundo.

Comprobado científicamente

Hay personas que rechazan cualquier explicación si no escuchan la frase "está comprobado científicamente".

El doctor Ryke Geerd Hamer hizo un descubrimiento revolucionario en los años 80, desde una perspectiva relación enfermedad-conflicto.

El Dr. Hamer era jefe de oncología en siete hospitales en Alemania. La investigación del Dr. Hamer comenzó en 1979 después de la trágica pérdida de su hijo Dirk. Poco después de la muerte de Dirk, el Dr. Hamer fue diagnosticado de cáncer.

Debido a que él nunca antes había estado gravemente enfermo, asumió que el desarrollo de su cáncer podría estar directamente relacionado con el evento traumático que experimentó. El Dr. Hamer encontró que cada ENFERMEDAD se origina de una experiencia traumática inesperada.

Su teoría es el eje troncal del que inicialmente partió la biodescodificación. Muy brevemente: Todas las enfermedades llamadas "cáncer" son provocadas o por envenenamientos o por conflictos causados por uno mismo (después se descubrió que ningún envenenamiento es casual). Tras años de estudio y verificación científica, decidió publicar su tesis médica describiendo las causas concretas del cáncer en función del órgano afectado (tesis que hasta la fecha no ha sido publicada).

Después de obtener un 100% de aciertos en los diagnósticos y en los conflictos causantes de la enfermedad (que en su momento demostró ante una comisión de expertos), decidió describir las causas del cáncer mediante cinco leyes biológicas que explican la causa, el desarrollo y la curación natural de las "enfermedades" con base en principios biológicos universales.

De acuerdo a éstas leyes biológicas, las llamadas "enfermedades" no son, como se asumen generalmente, el resultado de un mal funcionamiento del organismo sino más bien "programas especiales con sentido biológico", creados para ayudar a un individuo durante un período de estrés emocional y psicológico.

Los descubrimientos del Dr. Hamer revelan que todo en la naturaleza tiene un sentido biológico y que nada está "enfermo" o es "maligno".

¿Quién somos verdaderamente en este mundo?

Tengo claro que tenemos unas horas en este mundo, y que vamos a morir, no somos inmortales.

Hay que ser conscientes de ser lo que uno es.

Siempre creemos que las circunstancias externas determinan nuestro futuro y que no somos capaces de cambiarlas en nuestras vidas.

Porque no queremos cambiar. No sabemos cómo hacerlo. Ello significa modificar nuestro entorno, para bien o para mal. Somos dueños y responsables de nuestra vida.

La mayoría de las personas vivimos una vida a la que nos hemos acostumbrado y cambiarla puede significar nadar a contracorriente. Supone un gran esfuerzo y resulta como algo lejano.

Hasta que las cosas no se ponen feas, no somos capaces de reaccionar y decidir cómo va ser nuestra vida, porque ninguno de nosotros somos perfectos.

Todos podemos crear nuestro propio destino, pero dejamos pasar los días sin crear el destino que deseamos, al menos de manera consciente, ya que de manera inconsciente sí que lo creamos.

Vivimos de manera inconsciente, en base a las experiencias a las que hemos acostumbrado a nuestro cuerpo.

Es muy fácil, nuestro día a día, nuestros pensamientos y sentimientos definen nuestra realidad. Por ello, si queremos cambiar nuestra realidad, tendremos que cambiar nuestra forma de pensar y de sentir, estando estos alineados.

Nuestros pensamientos y sentimientos tienen que ser coherentes con nuestra mente y nuestro corazón.

Si tenemos pensamientos "de ser ricos", pero tenemos sentimientos "de ser pobres", estaremos pensando una cosa y sintiendo otra totalmente diferente.

La CAUSA y EFECTO, si cambiamos la forma de pensar y sentir, cambiará nuestro mundo exterior, pasando de "causa y efecto" a "causar un efecto" y cambiar algo de nuestro interior para producir un efecto en nuestro exterior.

Nos han hecho creer que necesitamos tener una razón para ser felices y todas las veces que hemos intentado cambiar algo en el pasado hemos creído que lo que necesitábamos era que el mundo exterior cambiará.

Siempre tenemos una excusa, una limitación.

Y si en algún momento fuéramos capaces de visualizar lo que queremos, al igual que nos ocurre en sueños.

Cuando entiendas que no estás limitado (EXCUSAS) por ti mismo y el pasado, comprenderás que todo es posible, es decir, cuando cambies tus pensamientos y tu mente, cambiará tu vida.

Nos preguntamos: ¿Quién soy? ¿Quién quiero ser? ¿Cómo puedo cambiar mi vida?

Para crear un mundo algo distinto a lo que estamos acostumbrados, necesitamos cambiar nuestros hábitos y la forma de pensar y sentir, de lo contrario continuaremos en la rueda del hámster, dando vueltas y pensando únicamente en los problemas. La rutina donde todos caemos.

¿Qué haces cada mañana al levantarte?

¿Vas en piloto automático desde que te levantas hasta que llegas al trabajo haciendo lo mismo de siempre?

¿Se convierte tu hábitat en tu hábito?

¿Te sientes atrapado en la rueda del hámster dando vueltas y más vueltas?

La buena noticia es que si puedes salir de la rueda del hámster y convertirte en otra persona con el objetivo de que tus sueños se hagan realidad.

Nuestro cerebro está controlando en todo momento cómo se siente el cuerpo en función de nuestros pensamientos.

Al igual que cuando tenemos una fantasía sexual y nuestro cuerpo se prepara para que sea tan real en nuestra mente, debido a la relación cuerpo y mente.

Nos sentimos de acuerdo con lo que pensamos y pensamos de acuerdo con lo que sentimos, y todo ello define nuestra propia personalidad programada en automático en nuestra mente inconsciente.

Hay estudios en los que se demuestra que los MIEDOS los aprendemos, y posteriormente los reflejamos de manera automática e inconsciente.

En cuanto tenemos un pensamiento o sentimiento, nuestro cuerpo responde en piloto automático, de forma inconsciente en función de nuestros hábitos, los cuales podemos cambiarlos y tomar conciencia para ser quién queremos ser.

Cuestión de Actitud.

"El mayor descubrimiento de cualquier generación es que un ser humano puede cambiar su vida cambiando su actitud".

William James.

Cansado de dar vueltas en círculo, el pájaro se posó en la rama de un manzano. Fue entonces cuando el árbol le dijo:

-¡Eh, tú! ¿Es que no tienes otro lugar donde pararte?

-¡Vaya humor! —Contestó el pájaro- Tranquilo, no voy a hacerte daño; solo quiero descansar... pero ¿Se puede saber qué te pasa?

-Que mi vida es aburrida.

-¿Aburrida?

-Sí, muy aburrida. Estoy aquí todos los días, quieto, inmóvil, pendiente únicamente de que pájaros como tú picoteen mis manzanas... A veces siento que mi vida no tiene sentido.

-Pues a mí me parece todo lo contrario. Creo que tu vida es la que más sentido tiene de todas.

-¡Pues ya me lo explicarás! - dijo extrañado el árbol.

-Sí, verás. Siempre he creído que la vida de un árbol es un modelo a seguir. Desde que eres un pequeño brote, te nutres cada día y creces hasta convertirte en un árbol maduro, que generosamente da a los demás sus frutos. Y según lo fuerte que crezcas, según cómo te nutras, así de extraordinarios serán tus frutos. Si lo piensas, desarrollas tu potencial en beneficio de los demás ¡No puede haber una vida más plena!

El árbol quedó en silencio, como pensativo, hasta que asintió:

-Visto así, parece que tiene sentido. De todas formas, a veces pienso que me gustaría ser un pájaro como tú.

-Pues no te creas que mi vida es tan buena. Volar de un sitio para otro, buscando alimento todos los días y muchas veces sin sentido. La vida de un pájaro también es aburrida.

-¿Aburrida la vida de un pájaro? —dijo el árbol extrañado- No, no lo creo. Los pájaros tenéis una gran virtud que casi nadie tiene.

-¿Cuál? —dijo el pájaro intrigado.

-Que sabéis aceptar en lugar de esperar.

-¿Cómo? No entiendo la diferencia.

-Vosotros aceptáis las cosas como son. Nunca he escuchado a un pájaro decir <<espero que mañana salga el sol para volar de un sitio para otro>>. Si el sol no brilla en el cielo, tú sales y vuelas igualmente. Simplemente aceptas que ese día no hace sol. Si lo piensas, es lo contrario de lo que le pasa a los humanos, que siempre andan esperando algo y si ese algo no ocurre conforme ellos esperan, se produce en ellos una decepción.

Hubo un silencio, solo interrumpido por el ruido de las hojas que provocó una inesperada ráfaga de viento. Fue entonces cuando el pájaro propuso.

-¿Sabes qué? Estoy cansado de volar de un lugar para otro. Llevo algún tiempo pensando en quedarme a vivir en algún sitio. Te diré lo que voy a hacer: voy a construir aquí mi nido, en esta rama... si tú quieres, claro.

-Sí, quiero.

"Tu actitud es una elección que no depende de tus circunstancias".

181

Hay muchos estudios que demuestran que nuestra actitud afecta a nuestra salud.

La Clínica Mayo publicó un estudio, revelando que las personas optimistas estaban más sanas física y mentalmente.

No hay que tener miedo ni de la muerte. De lo que hay que tener miedo es del propio miedo. - Epicteto.

¿Y si creyéramos en nosotros mismos en lugar de en algo exterior?

De todas las cosas que llevas puestas, tu actitud es la más importante.

Hay una única cosa que no se pueda arrebatar a una persona, la última de las libertades humanas, la de elegir cuál será su Actitud ante las circunstancias de elegir su camino.

Me encanta, empezar un nuevo día, todavía ni siquiera sé qué es lo que va pasar, pero decido dar gracias por vivir hoy. La felicidad es algo que se decide todo el tiempo, cada segundo y depende de cómo decidas vivirlo.

La actitud es todo.

No importa quién o de dónde seas: "La calidad de tu actitud determinará la calidad de tu vida".

Una buena actitud en tus relaciones y amistades, en tus trabajos y proyectos, en las adversidades, determinará tu vida.

Todos los días nos encontramos con la elección de decidir levantarnos de nuestra cama, con nuestra mente preparada para repasar todo aquello que no funciona y que hace que nuestra vida parezca "desastrosa" o decidir abrir los ojos y apreciar todo aquello que tenemos y que hace que nuestra vida sea, en realidad, una vida **EXTRAordinaria.**

Cada día es un regalo. Asegúrate que la ACTITUD con la que lo vivas, lo haga único, porque cada día lo es. Todos tenemos un cheque de 24 horas y eso es un regalo. Tú decides cómo gastarlo y cómo vivirlo.

Ahora **no tienes excusa para cambiar aquellas cosas que no te gusten.** Ya no vale el *"es que yo soy así"*, *"es que no lo puedo evitar"*.

"Si cambias la forma en que miras las cosas, las cosas que miras cambian" Wayne Dyer.

La felicidad por mucho que nos sorprenda no es más que una actitud hacia la vida. No importan nuestros agujeros negros personales, no importan las dificultades, los días grises.

Si estás dispuesto a superarlo todo las perspectivas cambian y la realidad será más fácil.

Arthur Schopenhauer, un fantástico filósofo alemán, se caracterizaba por plantear una posición pesimista frente al mundo y la vida, lo cual está plasmado en su principal obra, "El mundo como voluntad y representación".

Schopenhauer desarrolló un concepto de la felicidad donde ésta tenía mucho más que ver con la paz interior que con la dicha. Schopenhauer escribió un ensayo con 50 reglas para alcanzar la felicidad y yo me quedo con **valorar lo que tenemos.**

Cada día debemos despertarnos y pensar en todo aquello por lo que tenemos que dar gracias.

Cuidar la salud.

La salud es un auténtico tesoro que debemos cuidar para poder disfrutar de todo lo demás.

Emprender y aprender. Tener planes y proyectos te aporta una dosis importante de entusiasmo a la vida. De igual manera, el aprendizaje siempre nos permite sentir que estamos creciendo y evolucionando.

Evitar la infelicidad, que puede parecer obvio, pero hay personas que las buscan, y por supuesto la encuentran.

Para Schopenhauer, lo saludable es evitar todas aquellas situaciones que puedan traernos desdicha, porque en esencia no valen la pena y solo son a fuente de nuevas dificultades

Felicidad es tan accesible a ti como lo es el dolor, simplemente por estar vivo y por tener conciencia de que lo estás. Ser feliz es accesible para todo ser humano.

La felicidad depende de cómo te encuentres, de lo que te encuentres y de cómo procesas ese encuentro entre tú y el mundo.

La felicidad al fin y al cabo, es una ACTITUD. La mente y lo que pensamos sobre nosotros buscan protegernos y limitarnos.

Deja de sobrevivir y EMpieza a vivir porque te haces mayor. Tienes que EMpezar a pensar en tu vida, en cómo será hasta que te jubiles y todas esas cosas que se suelen decir y que seguramente habrás escuchado más de una vez, ¿Te suena?

El día que cumplí 29, no pararon de repetirme lo mismo una y otra vez: ¡madre mía ya tienes casi 30! Y yo pensaba, pero si tengo 29 y todavía me queda un año. Esta situación te hace pensar en el tipo de sociedad en la que vivimos y lo que normalmente nos marcan.

El tiempo pasa y tú sigues haciendo lo mismo.

Mis últimos 10 años han pasado volando para mí también y a pesar de haber hecho muchísimas cosas diferentes y sentir que realmente he aprovechado el tiempo. No sería sincero si no dijera que a veces a mí mismo, también me he preguntado ¿Qué hago con mi vida?

Mi vida cambió con 29 años. Muchos cambios. Todos me sirvieron para darme cuenta, que no era lo que necesitaba. Todos provocados por un estado de incertidumbre y preocupación por el futuro no cercano. Lo que aprendemos desde que somos pequeños es absurdo.

Todo, siempre y por más que te empeñes, puedes cambiar y habrá momentos en los que sientas que estás empezando todo desde cero una vez más.

¿Y sirve de algo preocuparte tanto?

Pregúntatelo a ti mismo y reflexiona acerca de esto:

¿Crees realmente que preocuparte te llevará a algún sitio maravilloso?

La sociedad tiene una actitud "pasota" ante la vida, quejándose constantemente por todo lo que les rodea y criticando cada pequeña cosa que suceda en su día a día. A esto le llamo yo, MORIR JOVEN, porque significa que ha llegado un momento en el que te da tanto miedo perder, arriesgar, sufrir y luchar que se vive en un estado de conformismo en piloto automático.

La realidad es que puedas comenzar ahora mismo, en este mismo momento, con solo tomar una decisión. No necesitas la autorización firmada de nadie para poder dar el paso, depende de ti mismo.

Tú puedes comenzar a hacer y a vivir ahora mismo lo que realmente hace vibrar a tu corazón. No tienes que seguir viviendo una vida que los demás quieren, ni dejar que la sociedad ni nadie decida el camino que debes seguir en tu vida, el tipo de trabajo que debes buscar o hacer, ni quedarte en el pasado ¿qué importa ya el pasado? Déjalo atrás, y decide vivir una vida plena... ¡desde hoy mismo!

Recuerda: es "TU VIDA".

Aunque otros con buena intención tratarán de desanimarte a hacer y alcanzar lo que realmente quieres, eres "tú" quién terminará siendo feliz. Imagina cómo sería un día en el que mirarás atrás y evitarás decir: "Ojalá hubiera...."

Solo tú puedes decidir cómo vivirás tu vida, hazlo ahora.

¡EMpieza vivir ahora!

"Si crees que mereces algo mejor, busca oportunidades"

No es cuestión de vivir en un estado constante de "carpe diem", ni de preocuparte solo por el día de hoy, pero si marcarte objetivos realistas y que puedas cumplir y sentirte bien por ello.

Tú eres la única persona que estará siempre a tu lado, así que coge las oportunidades que se presente, y si no lo hacen, crea algunas tú y vence a tu mayor enemigo, llamado miedo.

Nuestros pensamientos crean nuestra realidad. Joe Dispenza lo recoge en esta frase: *"No subestimes el poder de tus pensamientos. Son capaces de alterar la realidad"*.

Una de mis frases favoritas ha sido siempre: ***"Tanto si piensas que puedes, como si piensas que no puedes, estás en lo cierto"*** **(Henry Ford)**.

A lo largo de los años se ha pensado que nuestras circunstancias externas son las que determinan nuestro estado emocional y por tanto, determinan el modo en que reaccionamos ante esas circunstancias ajenas a nosotros.

Cada vez existe más evidencia científica que avala que las cosas no suceden exactamente así. **Ante una situación determinada, cada uno de nosotros, hace una interpretación de lo que ha ocurrido**, le damos una explicación que creemos es "racional".

Esa explicación, condiciona inmediatamente el modo en que nos sentimos, y eso hará que nos comportemos de una manera o de otra.

¿De qué depende entonces la explicación que damos a los sucesos externos?

Sin duda, a nuestra propia historia, a nuestras experiencias previas, a lo que hemos aprendido del pasado, a los resultados que hemos obtenido en situaciones similares. Según **Esa repetición a lo largo de los años de nuestra vida hace que nuestro cuerpo tenga "memoria"** y nos propone romper los límites de nuestra realidad objetiva a través, principalmente, de técnicas meditativas.

Imagina el poder que se desataría en ti si fueras capaz de decidir cómo quieres pensar; si te permitieras tomar decisiones como estas:

¿Cómo quiero pensar?

¿En qué pensamientos quiero invertir mi energía?

¿Cuál es mi nueva actitud?

Piensa en ello. Nadie más que tú puede decidir cómo vivir. Nadie más que tú puede *dejar de ser* quien es ahora para convertirse en quien se quiere llegar a ser.

Y para ello **hay que detenerse y observar qué pienso acerca de la realidad y qué me impide decidir pensar de manera diferente y crear una nueva realidad**.

"El vacío identitario" es el vacío entre "quién soy en realidad" y "quien aparento ser".

Quien aparentamos ser es la fachada que proyectamos al mundo. Es una primera capa de cómo queremos que los demás nos vean. Quienes somos en realidad, es cómo nos sentimos por dentro. Es lo que sentimos cuando no estamos preocupados por la "vida". Es lo que ocultamos sobre nosotros.

Cuando memorizamos estados emocionales adictivos, como la culpabilidad, la vergüenza, la ira, el miedo, la ansiedad, los juicios, la depresión, el engreimiento o el odio, creamos un vacío entre quien aparentamos ser y quienes somos en realidad. El tamaño del vacío varía de una persona a otra.

La persona que somos de verdad, el yo real se escuda tras la imagen que damos. Como no podemos soportar mostrar este yo al mundo, fingimos ser otra persona. Mentimos sobre quien somos porque la mayoría de la sociedad no admite esta clase de personas.

Cuando somos jóvenes y estamos construyendo una identidad, es cuando más participamos en esta farsa.

Cuando quieres cambiar tus problemas enfocándote en el problema, no en la solución, es decir, con el mismo estado mental que los creó. Analizas, te compadeces, lo justificas y no cambias nada porque tú sigues siendo la misma persona.

Actitud de Gratitud.

Cada mañana nada más levantarme: "Gracias".

Luis García.

Ese es el sentimiento que hay que tener.

No sólo pienso en ello y hago lo mismo cada día, sino que además lo tengo muy presente y siento gratitud.

Cuando EMpiezas a sentirte diferente por lo que ya tienes, es cuando aparecen más cosas positivas, más cosas por las que dar las gracias.

Puedes decir: "No tengo el coche, la casa, la salud o la pareja que quiero", pero eso es precisamente lo que no quieres, y debes olvidar lo que no quieres y poner el foco en lo que ya tienes.

Lo que quieres con los ojos que son los que te tienen que hacer ver que tienes que agradecer por todo lo que ya tienes. Agradecer lo que tienes.

PRINCIPIO DEL MENTALISMO:

<<El todo es mente, el universo es mental>>

En virtud de nuestros pensamientos podemos cambiar nuestras vidas.

Cuando naces y cuando sabes para qué.

¿Cuál es tu misión en la vida?

Estamos para ser felices y cumplir nuestra misión.

Todos estamos en el gran barco de este mundo. Todo se crea en la mente. La mente es la que manda. El cerebro es el decodificador de la información.

¿Si tú no crees en ti quien va a apostar por ti?

¿Si tú no te gustas a quien vas a gustarle?

Te recuerdo que eres una persona única en el mundo, una excepción, una obra de arte

Tu vida puede ser exactamente lo que tu desees, si eres capaz de comprenderlo, creerlo y aplicarlo, porque no importan cuales sean tus circunstancias.

PRINCIPIO DE POLARIDAD:

<<Todo es doble; todo tiene dos polos; todo, su par de opuestos: los semejantes y los antagónicos son lo mismo>>

Los procesos mentales y emocionales ocurren muy rápido, en cuestión de pocos segundos ya tienes una respuesta circulando por tu sistema nervioso enviado por tu cerebro, que recibió una señal procedente del corazón que indicó que si nos acercamos (polarizar en positivo) o nos alejamos (polarizar en negativo).

No actúas como actúas porque crees que debes actuar conscientemente, sino porque inconscientemente estás condicionado por tus creencias para actuar.

PRINCIPIO DEL RITMO:

<<Todo fluye y refluye, todo se mueve, como un péndulo>>

La medida del movimiento hacia la derecha, es el mismo que la de su movimiento a la izquierda, el ritmo es la compensación

La mente es como un jardín si plantas semillas buenas salen buenas plantas, si planta semillas plantas salen malas plantas, pero sino plantas la mala hierba sale de todas formas

La diferencia entre una persona ordinaria y una persona **EXTRAordinaria** es el extra que el ordinario no quiere hacer que al extraordinario no le gusta hacer pero lo hace de todas formas. En resumen, una persona **EXTRAordinaria** sabe que tiene que pagar un precio por ello y espero que no sea demasiado tarde para que hagas de tu vida, una vida **EXTRAordinaria**.

No existe la suerte, tú construyes tu suerte.

Platón decía que no se puede juzgar igual al que sabe que al que no sabe. Lo importante es hacer algo con lo que sabes. Tú ahora ya lo sabes.

Somos, literalmente, lo que pensamos.

Todo lo que se manifiesta en nuestras vidas, tanto los logros como los fracasos son el resultado de lo que previamente se ha manifestado en nuestra mente.

No hace falta que veas toda la escalera, solo da el primer paso, como dijo Luther King.

194

Si en este momento no estás viviendo la clase de vida que deseas, puedes crear una nueva realidad, cambiando la clase de información con la cual alimentas tu mente.

La acción es la clave. Como arquitectos de nuestra propia vida, no podemos limitarnos únicamente a pensar. Debemos ser protagonistas en nuestro destino.

Muchas veces nos dicen: "No vas a poder hacerlo, no puedes hacerlo".

¿Qué pensaría un niño? Porque no hacerlo porque no vivir mi vida ¿Qué tengo que perder? No pierdo nada.

Las circunstancias como tal no son relevantes sino como las vemos. Vivimos en una era de gran incertidumbre, en un mundo cambiante a diario con grandes desafíos por delante y donde las personas tienen serias dudas sobre su futuro, donde crecen los divorcios, las discusiones y desencuentros parecen algo normal, donde la gente utiliza la palabra CRISIS...

¿La has escuchado alguna vez? ¿Es una palabra positiva o negativa? ¿Cómo hace sentirnos?

Quieres cambiar alguna situación en tu vida, pero como hay una gran crisis global, crees que ahora no es el momento adecuado.

También puedes ver OPORTUNIDADES cuando te hablan de crisis. Todo el mundo trata de captar nuestra atención y hace que a veces nos olvidemos de lo más importante TÚ.

Recuerda cuando eras niño. La ilusión y ganas de aprender por experimentar cosas.

Hay personas que se conforman a no vivir una vida de ilusión y se despiertan por la mañana cuando suena el despertador sin energía y sin ganas de hacer cosas.

Cuando haces algo que no amas, algo que incluso es por necesidad, tu autoestima y tu amor propio caen.

Muchas veces nos abandonamos antes de tiempo. ¿Cuántas personas han alcanzado su éxito justo antes de abandonar?

"La tentación de abandonar nunca es tan fuerte como cuando estás a punto de conseguirlo". Proverbio chino.

Los tres deseos.

Un dios estaba tan harto de las continuas peticiones de uno de sus devotos que un día se apareció ante él y le dijo: *«He decidido darte las tres cosas que desees. Después no volveré a concederte nada más».* Lleno de gozo, el hombre hizo su primera petición sin pensárselo dos veces: que muriera su mujer para poder casarse con una mejor. Ésta fue inmediatamente atendida, pero cuando sus amigos y parientes se reunieron en el funeral y comenzaron a recordar las buenas cualidades de su difunta esposa, el devoto cayó en la cuenta de que se había precipitado.

Ahora reconocía que no había sabido ver las virtudes de su mujer. ¿Acaso era tan fácil encontrar a otra tan buena como ella? De manera que rogó a su dios que la volviera a la vida, con lo cual, sólo le quedaba un deseo más. En esta ocasión, para no errar, solicitó consejo a los demás. Algunos le sugirieron que pidiese la inmortalidad, pero otros respondían: « ¿De qué sirve la inmortalidad sin salud? ¿Y la salud sin dinero? ¿Y el dinero sin amigos?». Así que, al no decidirse, le suplicó a su dios que le aconsejara, y éste le dijo: *«Pide ser capaz de contentarte con todo lo que la vida te ofrezca, sea lo que sea».*

"Provocamos lo que pensamos y agradecemos". **Luis García.**

Haz de tu vida una **EXTRAordinaria** historia que contar. Si hay algo más a lo que no debemos renunciar: ser mejor persona, aprender, mejorar nuestra calidad de vida.

Yo quiero "ser más, ser mejor persona" sin resignarme a decir "qué le voy a hacer", "es que yo soy así"... Tenemos que ser y dar lo mejor de nosotros, en todo aquello en lo que hagamos.

Querido miedo: ya he tenido suficiente, son demasiadas ocasiones y no estoy dispuesto a seguir a tu lado ni un segundo más. Tengo que decirte que lo nuestro se acabó, me voy con otros mucho más interesantes que tú: confianza, ilusión y esperanza.

El verdadero CAMBIO está en nuestra MENTE, el qué y el cómo somos, con nuestras virtudes y defectos, con nuestras fortalezas y debilidades. Hay que cambiar los hábitos, comportamientos, esforzarse y aprender. Todo esto no es fácil, pero merece la pena.

Estoy orgulloso de tener EM.

"Sólo aquellos que se atreven a tener grandes fracasos terminan consiguiendo grandes éxitos". (Robert F. Kennedy)

De bien nacido es ser agradecido.

"La gratitud es riqueza. La queja es pobreza".

Doris Day.

Las palabras no son suficientes, pero son tantas cosas de las que quiero agradecer, que no sé por dónde empezar.

Soy muy afortunado por el regalo más grande que me hicieron, darme la vida. Un regalo que no se podría comprar ni con todo el oro del mundo.

GRACIAS a las personas más maravillosas que conozco, mis padres Pedro y Paqui, por darme la vida, a mi hermano Jesús por estar ahí siempre, a mi gran por qué en la vida, que es mi hijo Luis, a Raúl por ser mi hermano mayor, a Álvaro por insistir siempre y hacerme más fuerte, a Ricardo Pérez, a Isra García, a Víctor Kuppers, a Javier Iriondo, a Jesús Honrubia, a Nuria Benedito, a Carlos Delgado y a Lain García Calvo, mis grandes maestros, porque me habéis ayudado cuando más lo necesitaba, y a todas las personas que creen cada día en mí.

GRACIAS con mayúsculas por todo vuestro amor, apoyo constante y vuestra magia infinita, que habéis estado en los malos, en los buenos y en los no tan buenos momentos. Gracias por siempre cuidar de mí.

GRACIAS a mis tíos, a mis abuelos, y en especial a mi tío Agustín, que aunque algunos ya no están, los llevo siempre en mi corazón.

Soy lo que soy gracias a mi familia y estaré eternamente agradecido por todo, porque me han enseñado a amar mi vida y todo lo que tengo hoy por hoy es gracias a ellos.

Y gracias a ti, querido lector o lectora por dedicarte tiempo para mejorar tú VIDA y la de los demás.

Por todo ello, soy muy afortunado, con la boca bien grande lo puedo decir, que tengo fortuna, y soy muy, pero que muy afortunado por vivir, y por ser quien soy y sobre todo por venir de dónde vengo y elegir hacia donde voy, gracias a mi familia.

GRACIAS, GRACIAS, GRACIAS.

El secreto de la vida es dar y por eso la mitad de los beneficios recaudados con este libro serán donados a la investigación de la Esclerosis Múltiple.

Carta de Perdón.

Papá y Mamá te perdono porque me habéis dado todo y lo más importante la VIDA.

Gracias a vosotros, soy quien soy, gracias de corazón.

Ahora soy padre y sé que todo lo que habéis hecho siempre en cada instante ha sido siempre pensando en lo mejor para mí, no para vosotros. He sido egoísta y no he sabido agradecéroslo antes y os he culpado cuando lo que habéis hecho es darme la vida, cuidarme, protegerme y quererme como los mejores padres del mundo sin pedir nada a cambio. Solo habéis hecho una cosa: DAR, DAR Y DAR. Soy todo lo que soy gracias a vosotros.

Siento todo lo que os hecho sufrir, lo siento. Os pido perdón y espero que podáis perdonarme. He sido un ciego muchos años y no he valorado que todo lo que tengo es gracias a vosotros y me siento afortunado por ser hijo vuestro.

Os prometo que voy a convertirme en mi mejor versión para que vuestro nieto pueda recoger y guardar las monedas que vosotros me habéis entregado: humildad, sacrificio, generosidad, familia y amor.

Sois mi ejemplo y no sois culpables de mi enfermedad. El 101% de responsabilidad es mía única y exclusivamente.

GRACIAS, GRACIAS, GRACIAS.

Gracias por cuidar de mí. Gracias por todo lo que me habéis dado y también por lo que no me habéis dado porque es mucho más todo lo que me habéis entregado. Vuestro cariño ilimitado, vuestro amor incondicional. Gracias a vosotros VIVO y soy vuestro hijo.

Ahora al ser padre siento todo mucho más intenso. Os querré siempre, siempre, siempre. Al ver cómo tratáis y queréis a mi hijo es un espejo de lo que habéis hecho conmigo.

Vuestros consejos, vuestra compañía, vuestros amor, vuestras risas, besos. Gracias por tanto AMOR y por apoyarme en los momentos buenos y menos buenos. Vuestra ternura y forma de AMAR. Sin vosotros hoy no estaría aquí.

Por vuestra CULPA voy a escribir mi primer libro, mi primer Bestseller.

Por vuestra CULPA he aprendido a valorarme mucho más y quererme a mí mismo.

Por vuestra CULPA soy mejor y me voy a convertir en mi mejor versión.

Por vuestra CULPA volví a nacer y pasar de querer morirme a enfermar, que ha sido mi despertar.

Por vuestra CULPA voy a ser el mejor padre del mundo.

Por vuestra CULPA ahora se cuál es mi misión en la vida y tengo claro mi propósito.

Por vuestra CULPA me quiero y estoy aquí y ahora.

Por vuestra CULPA soy un gran líder y un gran comunicador.

Todo lo que pasa es para prepararme para lo que viene después.

Sentiros orgullosos por ser mis MEJORES PADRES. ¡OS AMO!

¿Puedo pedirte un gran favor?

Tú eres el único dueño de tu vida y tú eres capaz de vivir siendo feliz.

Me he esforzado muchísimo por entregarte el mejor contenido. Así que, si te ha gustado el libro, ¿Podrías dejarme un comentario en las REDES SOCIALES?

Estoy deseando conocerte. Envíame tus experiencias, tus impresiones, una foto con el libro, lo que tú quieras.

Puedes contactar a través de mis redes sociales @lgaruiz o directamente publicar algo en las tuyas con el hashtag:

#EmpiezaVivirAhora   #APRENDEDORES
#EmpiezaLiderarVidas   #luisgarciaruiz

También puedes enviarme un email: **ahora@lgaruiz.com**

Ya son muchísimos los APRENDEDORES que han dejado su huella en esta vida, sólo falta la tuya.

Si te ha servido de ayuda, te animo a que lo regales a quien consideres que puede necesitarlo, y así crearemos un mundo de APRENDEDORES para mejorar el mundo.

GRACIAS, GRACIAS, GRACIAS DE CORAZÓN.

LAIN GARCÍA CALVO

Conocí a Laín en un evento de Robert Kiyosaki en Barcelona hace unos años. No pensaba que sería una de las personas, que me ayudaría tanto en mi vida.

Las casualidades no existen. ¡Bendita CAUSAlidad!

Su historia de superación personal me ayudo a comprender mejor que todo pasa por algo.

Su Bestseller "LA VOZ DE TU ALMA" transformó mi vida.

Acudí a su intensivo "Vuélvete Imparable" y mi vida cambio por completo.

Gracias a Laín me comprometí y me casé con mis sueños...

Gracias a su mentoría, MI PRIMER BESTSELLER, conseguí escribir mi trilogía.

Entra en www.laingarciacalvo.com y descúbrelo.

APRENDE MÁS EN...

www.lgaruiz.com

Printed by Amazon Italia Logistica S.r.l.
Torrazza Piemonte (TO), Italy

10221755R00121